Bibliografische Information der Deutschen Nationalbibliothek:
Die Deutsche Nationalbibliothek verzeichnet diese Publikation in der
Deutschen Nationalbibliografie; detaillierte Daten sind im
Internet über http://dnb.dnb.de abrufbar.

Herstellung und Verlag
BoD-Books on Demand
Norderstedt

ISBN 9783752870077

Vorwort

Seit vielen Jahren gibt es in unserem Dorf eine kleine Meditationsgruppe, die sich 1x wöchentlich trifft. Vor einiger Zeit kam der Vorschlag, einen Meditationstag zu organisieren. Neben organisatorischen Details kam in der Planungsphase auch die Idee, dem Tag ein überspannendes Thema zu geben.

Einmal in Gang gesetzt kamen mir etliche Themen in den Sinn, zu denen ich dann passende Texte zusammengestellt habe. Die habe ich jeweils in 3 Blöcke gefasst. Wann und wie lange man Pausen einlegt, wann und wie oft man Körperübungen (Yoga-Asanas oder Eutonie) einschiebt, wie lange die einzelnen Meditationen sind, ob man das Programm auf einen oder eineinhalb Tage verteilt, all diese Details können flexibel gehandhabt werden.

Mit Meditation ist natürlich eigentlich Kontemplation = Verweilen in der Stille gemeint. Man möge also in der Meditation (Kontemplation) nicht über die Texte nachsinnen. Sie sollen eine Hilfe sein, um den Geist auszurichten und einzustimmen. Aus diesem Grund sind die Texte zu Beginn der Blöcke meistens etwas länger und die folgenden kurz.

Kurzanleitung Meditation

Worte wie Meditation, Kontemplation, Bewusstsein, Geist, Gewahrsein oder Erwachen können unterschiedliche Bedeutungen haben.

Hier ist mit Meditation das wache bewusste Verweilen in der Stille gemeint.

Mit Meditationsobjekt ist das Hilfsmittel zur Beruhigung des Geistes gemeint.

Wir beschränken uns auf Atem und Mantra. Mit Anspannung gelingt es nicht einzuschlafen. Entsprechend ist es auch für die Meditation sinnvoll, die Sache locker und entspannt geschehen zu lassen. Das Meditationsobjekt kann man mit einer Brücke zur Überquerung eines Flusses vergleichen. Man bleibt nicht auf der Brücke stehen, sondern geht zum anderen Ufer.

Für die Haltung gilt nur das allgemeine Grundprinzip der aufrechten Wirbelsäule sowie die Empfehlung, eine Haltung einzunehmen, in der man längere Zeit problemlos verweilen kann.

Für die Dauer werden 2 x täglich 20 – 30 Minuten Meditation empfohlen, wenn möglich in einem dafür reserviertem ruhigen Raum ohne Störungen. Bitte nicht meditieren, wenn man müde ist. Wenn man mit der Erfahrung der Stille des Reinen Gewahrseins vertraut ist, kann man tagsüber kurze Momente des Innehaltens einstreuen, um auch im Lärm des Alltags die Stille zu erfahren.

Bei der Atemmeditation richtet man seine Aufmerksamkeit auf die Atmung. Man beobachtet sie nur und lässt sie einfach geschehen. Stille ist leicht erfahrbar in den Pausen zwischen Ein- und Ausatmen. Wenn man sich in Gedanken verliert und das bemerkt, geht man zur Atmung zurück. Wenn das Gedankenkarussell rödelt, kann man die Aufmerksamkeit durch wiederkehrendes Zählen der Atemzüge (1 – 3 oder 1 – 10 oder 1 – 100) unterstützen. Ist man in der Stille, lässt man alles los, auch den Atem.

Als Mantra kann man „Om" oder „Jesus Christus" oder „Kyrie Eleison" oder „Shalom" oder „Om Nama Shivaya" wählen. Man kann bei der Wiederholung des Mantras seine Aufmerksamkeit auf das Herz zentrieren. Das Mantra wird in Gedanken immer feiner/leiser wiederholt, bis es man es lauschend als eine zarte Energie wahrnimmt, die sich in der Stille auflöst – Loslassen. Kommen Gedanken, nimmt man das Mantra wieder auf.

Das Prinzip ist also: Üben (Meditationsobjekt) – Loslassen – Stille. Mit zunehmender Erfahrung gelingt es leichter, in der Stille zu verweilen. Irgendwann ist dieses Gewahrsein so stabil, dass es nie mehr verloren geht.

Patanjali drückt das so aus:
I.2: *Yoga ist das Auflösen der Identifikation mit den Fluktuationen, die im Bewusstsein entstehen.*
I.12: *Durch Üben und Loslassen kommt es zum Aufhören der Fluktuationen des Bewusstseins.*
I.3: *Dann ruht der Sehende in seinem wahren Wesen.*

Übersicht

1-Sein

Spiritualität ist das Wissen um die Einheit allen Seins.
Meditation ist das Verschmelzen mit dem SEIN.

Teil I

NUN IST DER Augenblick der Verschmelzung gekommen. Die Kraft und das Wunder dieses Moments sind unbeschreiblich.

Jetzt strahlt Die Essenz reine Liebe aus und die vor ihr schwebende Seele erfährt etwas, was man nur als Gefühl von ... Umfangensein oder Umhülltsein beschreiben kann.

In diese Offenheit, in der einst Scham und Stolz gemeinsam existierten, ergießt sich jetzt ein neues Gefühl. Vorher fühlte es sich so an, als ob die Außenseite der Seele umhüllt würde, jetzt fühlt es sich so an, als würde das Innere der Seele gefüllt. Auch hier lassen sich wiederum keine Worte finden, um dieses Gefühl angemessen zu definieren oder genau zu beschreiben - zum Teil auch deshalb, weil es so gewaltig ist. Es könnte als ein einziges, überragendes Gefühlskonglomerat geschildert werden, das tausend einzelne Gefühle umfasst, die nun langsam die Seele erfüllen. Man könnte einen schwachen Versuch machen und sagen, es ist das Gefühl, herzlich umarmt, zutiefst getröstet, grundlegend geachtet, wirklich geschätzt, sanft genährt und absolut verstanden zu werden, voll und ganz Vergebung erlangt und vollständige Absolution erhalten zu haben, schon lange erwartet worden zu sein, voller Glück willkommen geheißen, absolut geehrt, voller Freude gefeiert und total beschützt zu werden, zu sofortiger Vollkommenheit gelangt zu sein und bedingungslos geliebt zu werden - alles auf einmal.

Die Seele, die ohne das geringste Zögern oder Bedauern aber auch alles an Gefühl von individuellem Selbstsein aus sich entlässt, begibt sich in Das Licht. Dort geht sie in so etwas Wunderbares ein, dass sie jeglichen Wunsch verliert, je etwas anderes kennen zu lernen; sie schmilzt hinein in die atemberaubende Herrlichkeit der unendlichen Großartigkeit, unvergleichlichen Schönheit und unübertroffenen Vollkommenheit des Seins.

Nun bist du mit diesem Licht verschmolzen und fühlst dich aufgelöst. Dieses »Verschmelzen« vollendet den Wandel in deiner Identität. Du identifiziert dein Selbst nicht mehr auf irgendeine Weise oder irgendeiner Ebene mit dem gesonderten Aspekt des Seins, den du in deinem physischen Leben dein «Ich» genannt hast.

Du erkennst und weißt endlich, dass du nicht ein Körper und nicht ein Geist und noch nicht einmal nur eine Seele, sondern dass du alles drei bist. Darum geht es beim ganzen Todesprozess.

Entsinne dich, dass ich sagte, beim Todesprozess geht es um die Wiederherstellung deiner Identität.

Das erste Stadium des Todesprozesses befreit dich von deinem Körper und allen dir möglicherweise noch innewohnenden Gedanken, die dich, deine Identifikation mit deinem Körper und seinem Erscheinungsbild aufrechterhalten ließen.

Das zweite Stadium des Todesprozesses befreit dich von deinem Geist und allen dir möglicherweise noch innewohnenden Gedanken, die dich deine Identifikation mit deinem Geist und seinen Inhalten aufrechterhalten ließen.

Das dritte Stadium des Todesprozesses befreit dich von deiner Seele und allen dir möglicherweise noch innewohnenden Gedanken, die dich deine Identifikation mit deiner Seele und ihrer Individualität aufrechterhalten ließen.

Hier, in der Totalen Verschmelzung des Selbst, gelangst du an einen Ort, wo Wissen und Erfahren eins sind, und wo du Weißt und Erfährst, dass du nicht dein Körper, nicht dein Geist und nicht deine Seele bist. Du bist etwas sehr viel Größeres. Du bist die Gesamtsumme der Energien, die alle drei hervorbringen.

Im Tod werden alle deine individuellen Identitäten abgelegt, und das Getrenntsein deiner selbst von dir selbst hat schließlich ein Ende.

Weißt du was? Ich dachte, du würdest sagen, dass ich hier die Erfahrung von Gott machen würde, der gekommen ist mich zu begrüßen.

GENAU DAVON REDE ich.

Aber du sagtest eben...

DU DENKST IMMER noch in den Begriffen einer Trennung zwischen dir und Gott, und ich sage - wieder einmal -, dass es sie nicht gibt.

Du magst das zwar in diesem Augenblick deines physischen Lebens nicht glauben, im Moment der Verschmelzung aber wirst du nicht den geringsten Zweifel daran haben.

Du kannst die Erfahrung dieses Eingehens und Verschmelzens und dieser Erkenntnis und Verwirklichung auch schon in deinem physischen Leben machen.

Es gibt Menschen, die sich willentlich in diese Erfahrung des Einsseins begeben und darin verweilen können. Das ist einfach eine Sache der Konzentration, der Fokussiertheit oder der Zentrierung von ganzheitlicher Präsenz.

Du kannst deinen Geist von allem anderen abziehen und ganz «gegenwärtig« sein.

Die drei Stadien des Todes sind dazu angelegt, dich so sanft und rasch, wie du vorgehen möchtest, durch den Reidentifikationsprozess zu geleiten.

Diese drei Stadien des Todes kannst du auch während deines physischen Lebens erfahren.

Wir sprechen über das Gleiche. Wir sprechen über den Tod des Gedankens der Getrenntheit. Das ist es, was sich im Moment deines physischen Todes ereignet, und das kann sich jederzeit ereignen.

Die drei Stadien des Todes sind ganz einfach die Drei Stufen der Reidentifikation. Diese sind:

1. Das Aufgeben der Identifikation mit dem Körper.

2. Das Aufgeben der Identifikation, mit dem Geist.

3. Das Aufgeben der Identifikation mit der Seele.

Sobald du denkst, dass du etwas bist oder dass du dieses nicht bist, stellst du dir dich selbst als begrenzt vor. Doch Die Essenz ist in keiner Weise irgendwie begrenzt. Im Augenblick der Verschmelzung identifizierst du dich mit Dem Allem - was heißt, du identifizierst dich mit nichts im Besonderen. Mit gar nichts.   Neale Donald Walsch (Zuhause in Gott)

1. Meditation - Gehen

Vor deinem Angesicht herrscht Freude in Fülle, zu deiner Rechten Wonne für alle Zeit.   Psalm 16

2. Meditation – Gehen

Der Wille GOTTES für dich ist vollkommenes Glück.

Die Reise zu GOTT ist lediglich das Wiedererwachen der Erkenntnis dessen, wo du immer und was du ewig bist.

Tief in dir liegt alles, was vollkommen ist, bereit, durch dich hindurch und hinaus in die Welt zu strahlen.   Ein Kurs in Wundern

3. Meditation – Gehen

Gott allein ist wirklich, und da wir alle auf Dauer im Göttlichen Geliebten verweilen, sind wir alle eins.

Das Glück der Gott-Verwirklichung ist das Ziel der gesamten Schöpfung. Um dieses Glückes Willen trat die Welt in Erscheinung.
Meher Baba

4. Meditation – Gehen

Das Bewusstsein der Glückseligkeit ist gleichbedeutend mit dem Bewusstsein Gottes. Unser begrenztes Bewusstsein erweitert sich und erhebt sich über alle Gegensätze, Zuneigung und Abneigung, Lust und Schmerz.
Paramahansa Yogananda

5. Meditation

Teil II

e) Im Dunkel zu Hause sein: das „Nichtwissen"
Für den Anfänger ist es normal, nichts wahrzunehmen als ein gewisses Dunkel, das das Bewußtsein umhüllt wie eine Wolke, in der man nichts erkennt. Manche denken: „Jetzt döse ich vor mich hin". Sie können noch nicht unterscheiden zwischen Dösen und einem entspannten Bewußtsein ohne Gedanken. „Du scheinst weder etwas zu erkennen noch zu spüren, außer einem reinen Verlangen nach Gott, das im Innersten deiner Seele lebendig ist. Du bist enttäuscht zunächst, denn du kannst Gott weder mit deinem Denken erfassen, noch fühlst du dich von seiner Liebe überströmt. Versuche, dich in diesem Dunkel zu Hause zu fühlen" (S. 32). Das ist der erste Schritt: im Dunkel zu Hause fühlen. „Abgeschiedenheit" nannte es Meister Eckhart. Jesus sagt in seiner Gebetsanleitung: „Gehe ins Verborgene, denn im Verborgenen ist der Vater." Also sich im Dunkel zu Hause fühlen und darin gegenwärtig sein.
„Wir wollen den Unterschied herausstellen zwischen Kontemplation und dem, was äußerlich so ähnlich aussieht, nämlich Träumen, Phantasieren und Gedanken nachhängen. Diese entspringen einem verträumten, phantasievollen und wißbegierigen Kopf, während die Regung der Liebe einem offenen und hingegebenen Herzen entspringt" (S. 35). Die Neigung zum Träumen und Phantasieren muß also unter Kontrolle genommen werden, soll sich die kontemplative Liebe voll im Herzen entfalten.
f) Gefährliche Aktivität
Nun setzt sich der Mensch hin und sagt entschlossen: das mach ich jetzt. Doch die „Wolke" warnt: „Manche hören davon und versuchen, durch eigene Anstrengung das zu erreichen. Sie quälen ihren Verstand und überanstrengen ihre Phantasie. Was dabei herauskommt, ist eine selbstgemachte Liebe, die weder wirklich menschlich ist, noch göttlich ist. Es ist gefährlich, sie auf diese Weise zu erzwingen; ich fürchte, ein solcher Mensch wird eines Tages seinen Verstand verlieren oder durch den Widersacher des Lebens seelischen Schaden davontragen, falls nicht Gott selbst eingreift und erkennen läßt, wie falsch das ist, was er tut - und er bereit ist, Rat anzunehmen" (S. 35/36).
Ein wichtiger Punkt: der Schüler muß Rat annehmen. Das ist das Kriterium für lautere Gesinnung.
„Sei also um Gottes willen vorsichtig, und quäl dich nicht ab. Laß Sinne und Verstand ruhen. Ich sprach von Dunkel und Wolke. Wenn ich vom Dunkel spreche, meine ich: keinerlei bewußtes Erkennen ist mehr vorhanden" (S. 36). Die Wolke des Nichtwissens ist ein Dunkel des bewußten Erkennens, entspanntes Wachsein ohne Gedanken. „In diese Wolke einzutreten, rate ich dir, und dich dort zu Hause zu fühlen in schweigender Hingabe der Liebe" (S. 36).
g) Die Wolke des Vergessens
Damit das aber gelingt, bedarf es einer zweiten Wolke, der Wolke des Vergessens. Wer sich hinsetzt zum Meditieren, dem fällt vielerlei ein. All die Verpflichtungen und Verantwortlichkeiten und vieles

mehr. In der Wolke des Nichtwissens kannst du dich nur aufhalten, wenn du in der Wolke des Vergessens bist (vgl. S. 36).

Nochmals zur Gelassenheit: „Ich bitte dich also, sei vorsichtig, und übe nicht krampfhaft. ...Übst du krampfhaft, wird das Ergebnis nur Überspannung sein."... „Meide jede Übertreibung und lerne, an Leib und Seele entspannt, heiter und gelassen dich in dieser Übung Gott hinzugeben" (S. 85). Heiter, gelassen und entspannt, das ist die Hesychia (griech. „Ruhe"). „Warte geduldig und bescheiden auf sein Wirken in dir - und lechze nicht gierig wie ein ausgehungerter Hund nach seiner Gnade" (S. 85)! „Halb im Scherz sage ich: Versuche, das schreiende, begierige Verlangen in deiner Seele zu zähmen und die Sehnsucht deines Herzens selbst vor Gott zu verstecken" (S. 85). Mit einem Kinderherzen soll man zu ihm kommen.

h) Störende Gedanken

Da fragt nun der Schüler: Wie soll ich mich von meinen Gedanken, von meinen Plänen und all dem, was in mir lebt, lösen? Der erste Rat dazu lautet: Schlag dich mit keinem Gedanken herum, sonst bist du ständig in Streit verwickelt. Tu so, als gäbe sie es nicht. Schau ihnen über die Schulter, als wenn dich etwas anderes interessiere (vgl. S. 68). Manchmal geht dies ganz gut, doch manchmal sind die Gedanken so aufsässig, daß man mit dieser Art des Übersehens gar nicht weiterkommt. Wenn sie einen überfallen, wie eine Schulklasse über einen auf dem Schulhof herfällt, dann strecke die Waffen, ergib dich und sag, ich kann nicht mehr. Dann geben sie auf (vgl. S. 68).

i) Mantra-Technik

Ein zweiter Rat lautet: Nimm ein einfaches Wort - übe also Mantra-Meditation, die sich in der christlichen Form des Jesusgebetes so hoch entwickelt hat - nimm ein Wort, ein ganz kurzes, und laß dieses Wort ganz. Versuche nicht zu begreifen, was es meint. Nimm zum Beispiel das Wort „Gott". Aber denk nicht daran, was es meint. Werde eins mit dem Wort. „Deshalb rate ich dir, zerlege diese Worte nicht, laß sie ganz in ihrer Einheit." „Habe nichts anderes im Bewußtsein als dich selbst, doch keine Einzelheit an dir" (S. 74). Das heißt also, werde ganz eins, ohne nachzudenken. Die innere Identifikation mit diesem Wort selbst soll man benutzen wie einen Schild gegen aufsteigende Gedanken. Das ist der eine Aspekt: Abwehr störender Gedanken. Der andere ist das Bündeln der Aufmerksamkeit, die er Sehnsucht nennt. Daher spricht man von Bewußtseinsspitze, one-pointedness, wo das Bewußtsein gebündelt ist.

j) Der entscheidende Schritt: sich vergessen

Das waren die Vorstufen. Gelingt es dem Schüler, alles auszublenden und nur im Bewußtsein zu weilen: ich bin - er ist, dann kommt der nächste Schritt: sich selbst als Gegenüber zu vergessen, um ganz aufgenommen zu werden in die Einheit. Der entscheidende Schritt ist das Vergessen seiner selbst. „Du mußt jetzt lernen, nicht nur alle Geschöpfe und was sie betrifft, zu vergessen, sondern auch dich selbst mit allem, was du je in Gottes Dienst getan hast. Wer wirklich liebt, liebt nicht nur den, den er liebt, mehr als sich selbst, sondern er vergißt sich selbst um dessentwillen, den er liebt" (S. 81). „Lerne vor allem, dich selbst zu vergessen, denn alles Wissen und Erfahren stammt aus dem Wissen und Erfahren deiner selbst. Es ist viel leichter, die Geschöpfe zu vergessen, als dich selbst. . . . Nachdem es dir schließlich gelungen ist, alle Geschöpfe und was sie betrifft zu vergessen, wird noch immer deutlich und unverhüllt die Erfahrung und Wahrnehmung deines eigenen Seins zwischen dir und Gott stehen. Glaube mir, deine Liebe wird nicht vollkommen sein, bis nicht auch das überwunden ist" (S. 81).

Willi Massa

1. Meditation – Gehen

Yoga ist das Auflösen der Identifikation mit den Fluktuationen, die im Bewusstsein entstehen. Dann ruht der Sehende in seinem wahren Wesen.

Patanjali

2. Meditation – Gehen

Wenn du betest, stelle dir nicht Gott unter einem sichtbaren Bilde in dir gegenwärtig vor. Lass deinen Verstand auch nicht die Spur irgendeines Gedankens fassen, sondern sei körperlos vor dem Körperlosen, und du wirst erkennen.
Evagrios Pontikos

3. Meditation - Gehen

Sei still, und lege alle Gedanken darüber, was du bist und was GOTT ist, weg, alle Konzepte über die Welt, die du gelernt hast, alle Bilder, die du von dir selber hast. Mach deinen Geist von allem leer, was er für wahr oder falsch, gut oder schlecht hält, von jedem Gedanken, den er als würdig beurteilt, und allen Vorstellungen, deren er sich schämt. Halte an nichts fest. Bringe nicht einen Gedanken mit, den die Vergangenheit gelehrt hat, noch eine Überzeugung, die du jemals gelernt hast von irgend etwas. Komm mit völlig leeren Händen zu deinem GOTT.
Inwendig in dir ist der ganze HIMMEL.
»Ich bin, wie GOTT mich schuf«. Dieser eine Gedanke würde reichen, dich und die Welt zu erlösen, wenn du nur glaubtest, dass er wahr ist.
Ein Kurs in Wundern

4. Meditation - Gehen

Die Seele, die ohne das geringste Zögern oder Bedauern aber auch alles an Gefühl von individuellem Selbstsein aus sich entlässt, begibt sich in Das Licht.
Neale Donald Walsch

5. Meditation

III Abschluss

„Wie fühlt Ihr Euch jetzt?" fragte mich Vater Seraphim. „Ungewöhnlich gut" sagte ich. „Wie gut denn? Was meint Ihr genau?" Ich antwortete: „Eine solche Ruhe und solchen Frieden fühle ich in meiner Seele, dass ich es mit Worten nicht ausdrücken kann." „Das, mein Gottesfreund", sagte Vater Seraphim, „ist jener Friede, von dem der Herr Seinen Jüngern sagte: > Meinen Frieden gebe Ich euch.< Es ist >der Friede, der - nach einem Wort des Apostels - jedes Denken übersteigt<". Der Apostel nennt ihn deshalb so, weil man mit Worten diesen gesegneten Seelenzustand nicht ausdrücken kann, den er in jenen Menschen hervorruft, in deren Herzen Gott der Herr Wohnung genommen hat. Christus der Retter nennt Ihn Friede Seiner eigenen Freigebigkeit und nicht Friede dieser Welt, da ja doch kein zeitliches irdisches Glück ihn dem menschlichen Herzen geben kann; von Gott selbst wird er gegeben und daher wird er der Friede Gottes genannt. „Was fühlt Ihr denn noch?" fragte mich Vater Seraphim. „Eine ungewöhnliche Glückseligkeit", antwortete ich. Er fuhr fort: „Das ist jene Wonne, von der in der Heiligen Schrift gesagt wird. >Sie laben sich am Reichtum Deines Hauses, Du tränkst sie mit dem Strom Deiner Wonnen. < Diese Wonne erfüllt nun unsere Herzen vollkommen und ergießt sich durch alle unsere Adern als unaussprechliche Erfrischung. Unsere Herzen vergehen gleichsam vor Wonne und wir beide sind erfüllt von solcher Seligkeit, wie sie keine Zunge ausdrücken kann."
Seraphim von Sarov

1. Meditation – Gehen

Wärst du wirklich Eins, so bliebst du auch Eins im Unterschiedlichen, und das Unterschiedliche würde dir Eins und könnte dich nun ganz und gar nicht hindern. Das Eine bleibt gleichermaßen Eins in tausendmal tausend Steinen wie in vier Steinen. Meister Eckhart

2. Meditation – Gehen

Wenn einer mich fragte, wo Gott wäre, so würde ich antworten: Er ist überall. Wenn einer mich fragte, wo die Seele wäre, die in Liebe ist, dann spräche ich: Sie ist überall; denn Gott liebt, und die Seele, die in Liebe ist, die ist in Gott, und Gott ist in ihr. Meister Eckhart

3. Meditation – Gehen

Es sollte verstanden werden, daß das Leben EINS ist, daß jede Seele, jede Wesenheit ein Teil des Ganzen ist, fähig und in der Lage, eins mit der Quelle, der Universellen Kraft, mit Gott zu sein, und doch gleichzeitig fähig, eine individuelle, unabhängige Wesenheit mit ihrem eigenen Selbst zu sein. Wie Er es gesagt hat, gibt Er denen, die Er ruft, die Macht, »Söhne Gottes zu werden«. Edgar Cayce

4. Meditation – Gehen

Da der Mensch sich mit dem Körper identifiziert, sieht er die Welt als getrennt von sich. Diese irrige Identifizierung findet statt, weil er aus seinem Urzustand herausgetreten ist. So wird ihm geraten, diese falschen Ideen aufzugeben, zu seiner Quelle zurückzufinden und als das Selbst zu verbleiben. Der einzige Zweck aller heiligen Schriften ist es, den Menschen zu veranlassen, die eigene Spur zur ursprünglichen Quelle zurückzuverfolgen. Er braucht dazu nichts Neues zu erwerben. Er muss lediglich seine falschen Vorstellungen aufgeben. Statt dessen versucht er, etwas Fremdes und Geheimnisvolles zu erjagen, weil er glaubt, dass sein Glück sich anderswo finden lasse. Das ist der Fehler.
Solange der Mensch in seinem Selbst verbleibt, herrscht Glückseligkeit. Doch in seiner Unwissenheit kann er es einfach nicht fassen, dass bloßes Stillesein diese Glückseligkeit in sich birgt. Ramana Maharshi

5. Meditation

2-Liebe

Gott ist die Liebe;
und wer in der Liebe bleibt,
der bleibt in Gott
und Gott in ihm.
(1 Joh 4,16)

Teil I

» Und es trat zu ihm der Schriftgelehrten einer, der ihren Wortwechsel gehört hatte, und sah, dass er ihnen gut geantwortet hatte, und fragte ihn: Welches ist das erste Gebot von allen?
Jesus aber antwortete ihm: Das erste von allen Geboten ist: Höre, Israel, der Herr, unser Gott, ist ein einiger Gott; und du sollst Gott, deinen Herrn, lieben von ganzem Herzen, von ganzer Seele, von ganzem Gemüte und mit allen deinen Kräften. Das ist das erste Gebot. Und das zweite ist ihm gleich: Du sollst deinen Nächsten lieben wie dich selbst. Es ist kein anderes Gebot größer denn diese. «
Markus 12, 28-31

In den beiden höchsten Geboten, die Jesus in diesen Versen zitiert, ist der eigentliche Sinn der Religion und letztendlich des Lebens selbst eingeschlossen. Sie bergen die Essenz der ewigen Wahrheit, die alle echten geistigen Wege auszeichnet: die unerlässliche Pflicht, die der Mensch erfüllen muss, damit er sich - als individualisierte Seele - auf die Erkenntnis zurückbesinnen kann, dass er eins ist mit seinem Schöpfer.
Wenn wir unseren Nächsten lieben wollen wie uns selbst, müssen wir zunächst verstehen, daß unser wahres SELBST, die Seele, eine individualisierte Widerspiegelung Gottes ist. Wir müssen unser kleines selbstsüchtiges Ego vergessen, das immer nur an das »liebe Ich« denkt. Jesus meinte nicht, daß wir unseren Nächsten auf eine exklusive Art lieben sollen, indem wir seiner körperlichen Erscheinung oder Persönlichkeit verfallen und alle anderen Menschen ausschließen. Vielmehr meinte er, daß wir alle Menschen lieben sollen, weil wir erkennen, daß der GEIST genauso in ihnen wohnt wie in uns selbst.
Daya Mata

1. Meditation - Gehen

Ein Mensch ist ein Teil des Ganzen, das wir „Universum" nennen, ein Teil begrenzt in Zeit und Raum. Er erlebt sich selbst, seine Gedanken und Gefühle getrennt von seiner Umgebung - eine Art optische Täuschung seines Bewusstseins. Das Streben, sich von dieser Wahnvorstellung zu befreien, ist die einzige Angelegenheit wahrer Religion. Die Täuschung nicht zu nähren, sondern zu versuchen, sie zu überwinden, ist der Weg, um am erreichbaren Ziel des inneren Friedens anzukommen. Unsere Aufgabe muss es sein, uns aus diesem Gefängnis zu befreien durch Ausdehnung unseres Mitgefühls auf alle lebenden Kreaturen und der ganzen Natur in ihrer Schönheit.
Albert Einstein

2. Meditation – Gehen

Wenn du heute den leisesten Schimmer dessen, was Liebe bedeutet, erlangst, dann hast du auf dem

Weg zu deiner Befreiung eine Strecke ohne Maß zurückgelegt und eine Zeit durchschritten, die in Jahren nicht zu zählen ist. Ein Kurs in Wundern

3. Meditation – Gehen

So wie die Sonne ihre kraftvollen Strahlen auf alle richtet, so sollt auch ihr Strahlen der Hoffnung in die Herzen der Armen und Verlassenen senden, den Verzweifelten neuen Mut zusprechen und neue Kraft in den Herzen derer erwecken, die sich für Versager halten. Paramahansa Yogananda

4. Meditation – Gehen

Gewöhnliche Liebe ist selbstsüchtig und haftet an Begierde und Genuß. Göttliche Liebe aber ist bedingungslos, grenzenlos und unvergänglich. Die verwandelnde Kraft reiner Liebe hebt alle Unruhe des menschlichen Herzens für immer auf. Sri Yukteswar

5. Meditation

Teil II

Liebe ist der Sinn des Lebens selbst. Leben ist zum Ausdruck gebrachte Liebe. Das ist Leben. Deshalb ist jeder Akt der Liebe auf höchster Ebene zum Ausdruck gebrachtes Leben. Die Tatsache, dass etwas, irgendeine Erfahrung, vergänglich oder relativ kurz ist, macht sie nicht sinnlos. Ja, es mag ihr sogar mehr Sinn und Bedeutung verleihen.

Lass mich ein bisschen mehr zur Liebe sagen, dann wirst du umfassender verstehen. Liebeserfahrungen sind vergänglicher Natur, aber die Liebe selbst ist ewig. Erfahrungen dieser Art sind nur Ausdrucksformen im Hier und Jetzt von einer Liebe, die immer und überall ist.

Meister wissen, dass das vollständige Ausleben der Liebe zum Leben und zu allem, was das Leben in jedem Moment bietet, der Ausdruck von Göttlichkeit ist.

Gott ist absolut liebend.

Es bedeutet, jedermann ohne Bedingungen und Einschränkungen zu lieben.

Und wie erschaffe ich die Erfahrung von bedingungsloser und grenzenloser Liebe?

Wenn du die Antwort auf diese Frage nicht hast, kannst du nicht behaupten zu verstehen, was absolut liebend bedeutet.

Die Leute sagen das so, aber viele verstehen nicht, was es bedeutet - wirklich bedeutet -, einen anderen zu lieben. Sie begreifen, was es bedeutet, einen anderen zu brauchen, etwas von einem anderen zu wollen und auch durchaus bereit zu sein, im Austausch für das, was sie brauchen und wollen, etwas zu geben. Aber sie verstehen nicht, was es heißt, wirklich und wahrhaftig zu lieben.

Es ist die Grund- oder Urnatur des Menschen, liebend zu sein, jedermann und alles zu lieben, obgleich nicht normal für ihn, es auch zu tun, weil ihr glaubt, dass euer natürliches Selbst schlecht ist, böse ist, dass es etwas ist, das gezähmt, gezügelt, unterdrückt werden muss.

Doch wenn ihr absolut liebend sein wollt, ist dies der erste Schritt: Ihr müsst voll und ganz euer Selbst lieben. Und das könnt ihr nicht, solange ihr glaubt, dass ihr sündig zur Welt kommt und in eurer Grundnatur böse seid.

Diese Frage - was ist die Grundnatur des Menschen - ist die wichtigste Frage, vor die sich die Menschheit gestellt sieht. Wenn ihr glaubt, dass die Menschen von Natur aus gut und

vertrauenswürdig sind, werdet ihr eine völlig andere Art von Gesellschaft erschaffen.
Begib dich ins Herz der Liebe, und geh bei allen deinen Entscheidungen und Beschlüssen von diesem Ort aus. Dann wirst du Frieden finden. Neale Donald Walsch (Freundschaft mit Gott)

1. Meditation – Gehen

Sieh die LIEBE GOTTES in dir, und du wirst sie überall sehen, weil sie überall ist.

Ein Kurs in Wundern

2. Meditation – Gehen

Genauso wie das Öl überall in der Olive vorhanden ist, so ist auch die Liebe in jedem Teil der Schöpfung vorhanden. Doch es ist sehr schwer, diese Liebe zu erklären, ganz ähnlich, wie man mit Worten den Geschmack einer Orange nicht richtig beschreiben kann. Man muß die Frucht selbst kosten, wenn man wissen will, wie sie schmeckt. Ebenso verhält es sich mit der Liebe.

Paramahansa Yogananda

3. Meditation - Gehen

Jedes Atom schwingt vor Freude und wird zusammengehalten durch Liebe. Ole Nydahl

4. Meditation - Gehen

Unsere selbstlose, unschuldige Liebe ist die größte Gabe, die wir dem Herrn geben können. Liebe ist unsere wahre Natur. Mata Amritanandamayi

5. Meditation

III Abschluss

Gottes Liebe ist die einzige Wirklichkeit. Wir müssen uns diese Liebe Gottes einmal vergegenwärtigen, die so groß und beseligend ist, daß ich sie nicht mit Worten beschreiben könnte. Die Menschen in der Welt meinen: »Ich tue dies und das - ich habe dies und das gern!« Doch ganz gleich, was sie tun oder woran sie sich freuen, es hat irgendwann einmal ein Ende. Die göttliche Liebe und Freude aber, die ich fühle, ist endlos. Wer sie einmal erlebt hat, kann sie nie mehr vergessen. Sie ist so überwältigend, daß man sie gegen nichts anderes eintauschen möchte. In Wirklichkeit sehnen wir uns alle nach der Liebe Gottes. Und mit tieferer Verwirklichung werdet ihr sie erlangen. Rajarsi Janakananda

1. Meditation – Gehen

Behalte im Gedächtnis, dass er ein Gott der Liebe ist, denn Er ist die Liebe; und dass er ein Gott der Freude ist, denn Er ist die Freude.
Edgar Cayce

2. Meditation – Gehen

Allein der Schleier des falschen Egos, der zwischen dir und GOTT liegt, ist die Ursache, warum du in so viele Schwierigkeiten, Mühen und Sorgen verwickelt bist. Sie alle verschwinden augenblicklich, wenn du von der Wirklichkeit der Liebe berührt wirst. Wenn der Vorhang deines begrenzten Ichs gehoben wird – und das kann einzig und allein durch Liebe geschehen - verwirklichst du die Einheit und erkennst GOTT als dein wahres Selbst.
Meher Baba

3. Meditation – Gehen

Mit dem Herrn der Liebe vereinigt zu werden bedeutet, von aller Konditionierung befreit zu werden. Das ist der Zustand der Selbst-Verwirklichung, ganz unerreichbar für Worte und Gedanken.
Mit dem Herrn der Liebe vereinigt zu werden, dem unvergänglichen, unveränderlichen, jenseits von Ursache und Wirkung existierenden, bedeutet, unendliche Freude zu erlangen.
Tejabindu-Upanishad

4. Meditation – Gehen

Göttliche Liebe wird unvergängliche Freude und Glückseligkeit in jedes Leben bringen.
Meher Baba

5. Meditation

3-Rein

»Ich bin, wie GOTT mich schuf«.
Dieser eine Gedanke würde reichen, dich und die Welt zu erlösen,
wenn du nur glaubtest, dass er wahr ist.
(Ein Kurs in Wundern)

Teil 1

Befreiung bedeutet das Wieder-Erkennen seiner eigenen wahren Natur, was anders ausgedrückt bedeutet, das ursprüngliche, ureigene reine Ich-Bewusstsein zu erlangen.
Das gewöhnliche, psychologische Ich-Bewusstsein ist relativ, d.h. das Bewusstsein des Selbst steht im Gegensatz zu dem des Nicht-Selbst. Das reine Ich-Bewusstsein ist nicht von dieser relativen Art. Es ist unmittelbare Wahrnehmung. Wer dieses Bewusstsein besitzt, kennt seine wahre Natur. Das ist mit Befreiung gemeint.
Abhinavagupta drückt es in Tantraloka so aus: ,,Befreiung, moksha, ist nichts anderes als die Wahrnehmung seiner eigenen wahren Natur." Durch dieses wahre Ich-Bewusstsein erreicht man die Glückseligkeit des universellen Bewusstseins. Der individuelle Geist wird darin in universelles Bewusstsein transformiert. Wenn man dieses reine Ich-Bewusstsein erreicht, erlangt man gleichzeitig Shiva-Bewusstsein, in dem das gesamte Universum als Ich oder Shiva erscheint. Diesem System zufolge ist die höchste Form der Glückseligkeit die Glückseligkeit der Welt, in welcher der befreiten Seele die ganze manifestierte Welt als Shiva erscheint.
Es versteht sich von selbst, dass diese Befreiung nicht durch Denken oder durch eine Anstrengung des Intellekts erreicht werden kann. Sie geschieht durch den Abstieg der göttlichen Kraft, durch göttliche Gnade.
Jaideva Singh

1. Meditation - Gehen

Weil Gott ist, bist du. Daher bist du, was Gott ist. Es gibt keine Trennung. Wache auf zu dieser Wahrheit.
Robert Adams

2. Meditation - Gehen

Gegenstand der Suche ist das Reine Bewusstsein, wo die Einzelseele und die Absolute Wirklichkeit eine untrennbare Einheit sind. In dieser Hinsicht stimmen alle Upanishaden überein.
Shankara

3. Meditation – Gehen

Über den See zu meditieren, findest du einfach, doch Wellen sind nur das Zauberspiel des Sees. Verweile daher in der Natur des Sees selbst.
Über den Geist zu meditieren, findest du einfach, doch Gedanken sind nur ein Zauberspiel des Geistes. Verweile daher in der Natur des Geistes selbst.
Milarepa

4. Meditation – Gehen

Der reine Geist ist immerdar in einem Zustand der Gnade. Deine Wirklichkeit ist nur reiner Geist.
Deshalb bist du in einem Zustand der Gnade immerdar.   Ein Kurs in Wundern

5. Meditation

Teil II

Im Dzogchen versuchen wir aber an den essenziellen Punkt zu kommen, an dem Samsara und Nirvana voneinander scheiden. Das wirkt wie ein großartiges Unkrautvernichtungsmittel: Man spritzt nur einmal, und alles Unkraut, alle Verwirrung, aller Schmerz und alles Leiden werden verschwinden. Du brauchst nicht jedes Unkraut einzeln auszureißen. Der Glaube, eine schlechte Person zu sein, ist für die Praxis des Dzogchen nicht gerade hilfreich. Aber auch der Glaube, eine gute Person zu sein, ist nicht sehr hilfreich für die Praxis des Dzogchen. Du bist keine Person! Indem wir im ungeborenen Zustand ruhen, sind wir reine Bewusstheit, frei von der geringsten Verunreinigung. Wenn du deine Ego-Identität aufgibst, deine samsarische Staatsbürgerschaft, dann zerreißt du deinen Ausweis, und alle mit dieser Identität verbundenen Probleme, Sünden und Polizeiakten verschwinden augenblicklich.

Der Zweck dieser Unterweisung ist, dir die Zuversicht und das Vertrauen zu geben, dass der Geist von Beginn an rein ist. Du kannst nicht reinigen, was bereits rein ist, also solltest du keine Zeit in dieser Richtung verschwenden. Das, was immer rein ist, ist jenseits von Verunreinigung, lasse also deine schuldbewussten Ängste fallen, voller Unwissenheit und Sünde zu sein. Praktiziere stattdessen Entspannung in den natürlichen Zustand hinein und erfahre die Selbstbefreiung all dessen, was in Erscheinung tritt! Dann gibt es nichts, was gereinigt werden müsste, und die Manifestation enthüllt sich als die natürliche Klarheit des Geistes – präzise in allen Details und leer.   Tulku Urguyen

1. Meditation – Gehen

Du selbst bist Buddha. Stell dein Licht nicht unter den Scheffel! Du hast dasselbe Licht, dieselbe Weisheit, dasselbe Bewusstsein wie er.   Papaji

2. Meditation – Gehen

Es hat den Anschein, als ob der vollkommene Gott unvollkommene Wesen erschaffen habe. In Wahrheit aber sind die unvollkommenen Wesen vollkommen - es sind Seelen, die Gott zum Bilde geschaffen wurden. Gott verlangt von euch nur, dass ihr eure geträumten Unvollkommenheiten von eurem vollkommenen SELBST trennt.   Yogananda

3. Meditation - Gehen

Mit deiner Göttlichkeit eins zu werden, scheint dir so schwer. Es scheint dir unmöglich, wieder zu werden, was du schon immer warst. Dabei ist es nichts anderes als das Wissen um deine eigene Wirklichkeit. Meher Baba

4. Meditation - Gehen

Der Mensch ist von göttlichem Wesen. Sei es als nach Gottes Ebenbild geschaffenes Wesen, als sein Funke oder eins mit Ihm - das innerste Wesen des Menschen kann niemals diese Vollkommenheit verlieren. Neelakantan

5. Meditation

III Abschluss

Diese Frage - was ist die Grundnatur des Menschen - ist die wichtigste Frage, vor die Menschheit jetzt gestellt sieht. Wenn ihr glaubt, dass die Menschen von Natur aus böse und nicht vertrauenswürdig sind, werdet ihr eine Gesellschaft erschaffen, die diese Anschauung unterstützt und dann Gesetze erlässt, Regeln billigt, Vorschriften einführt und Einschränkungen auferlegt, die mit dieser Sichtweise gerechtfertigt werden. Wenn ihr glaubt, dass die Menschen von Natur aus gut und vertrauenswürdig sind, werdet ihr eine völlig andere Art von Gesellschaft erschaffen, in der Gesetze, Regeln, Vorschriften und Einschränkungen nur selten erforderlich sind. Im ersten Fall wird es eine Gesellschaft sein, die die Freiheit einschränkt, im zweiten Fall eine, die Freiheit gibt. Gott ist absolut liebend, weil Gott absolut frei ist. Absolut frei zu sein heißt absolut freudig zu sein, weil die volle und ganze Freiheit den Raum für jede freudvolle Erfahrung erschafft. Freiheit ist die Grundnatur Gottes. Sie ist auch die Grundnatur der menschlichen Seele. In dem Maße, wie du nicht gänzlich frei bist, bist du nicht gänzlich freudig - und in diesem Maße bist du auch nicht voll und ganz liebend.

Wenn ihr euch dazu entscheidet, aus dem Wer Ihr Wirklich Seid zu kommen, es zu sein – nämlich reine, uneingeschränkte und bedingungslose Liebe - dann wird euer Leben wieder leicht. Der ganze Aufruhr, das ganze Kämpfen verflüchtigen sich.

Dieser Friede kann in jedem Augenblick erreicht werden. Den Weg dahin könnt ihr finden, indem ihr eine einfache Frage stellt:

Was würde die Liebe jetzt tun? Neale Donald Walsch (Freundschaft mit Gott)

1. Meditation – Gehen

Ob bewußt oder nicht, immer strebt der Mensch danach, sein eigenes wirkliches Wesen zu erkennen und zu erfassen. Nichts ist ihm so nahe wie seine Seele und gerade von ihr fühlt er sich besonders weit entfernt. Sein Weg dem Ziele zu über die zahllosen Straßen und Pfade des Lebens bis zum Tod scheint ihm endlos, obwohl doch in Wirklichkeit gar keine Entfernung zurückzulegen ist. Da jeder einzelne Mensch volles Bewußtsein besitzt, ist er schon am Ziel angekommen und hat nun auch die Gabe, sich seiner Seele vollkommen bewußt zu werden. Noch ist er allerdings unfähig, sein göttliches Schicksal zu erkennen; unfähig, weil sein Bewußtsein vollkommen auf sein entstelltes, begrenztes und sterbliches Wesen konzentriert ist. Meher Baba

2. Meditation – Gehen

Dabei ist es sehr wichtig, den Ausgangspunkt des Dzogchen zu verstehen. Wir beginnen nicht aus der Position, dass wir sehr begrenzt sind und viele Probleme haben, die gelöst werden müssten. Wir gehen direkt zu der Erkenntnis, dass genau in diesem Augenblick die Wurzel unserer Existenz etwas ist, das rein und vollständig war von allem Anfang an. James Low

3. Meditation – Gehen

Ausgangspunkt ist die Erfahrung, daß die Menschen zu sehr in ihre individuellen Vorstellungen, Gedanken und Zerstreuungen (vikalpa) verstrickt sind, um die göttliche Wirklichkeit, die in ihnen schlummert, wahrnehmen zu können. Nur eine Befreiung aus ihren eingefahrenen Denkstrukturen kann sie befähigen, ihr eigenes, göttliches Wesen zu erkennen (vijnana bhairava). Eigentlich einzige Voraussetzung für die höchste Erfahrung ist daher ein Zustand, der frei von Gedanken und Vorstellungen ist (nirvikalpa). Bettina Bäumer

4. Meditation – Gehen

Die Menschen haben vergessen, wer sie sind. Das Ego hat sich eingeschlichen und uns in einen Zustand äußerster Vergeßlichkeit und Unbewußtheit gelockt. Wir müssen aus unserer Erstarrung erwachen. Die erwachte Seele identifiziert sich niemals mit dem Spiel, auch wenn sie mit Freuden daran teilnimmt. Für sie ist es ein Spiel unendlichen Bewußtseins. In diesem unendlichen Spiel des Bewußtseins, in dem Gott im Mittelpunkt steht, gibt es nichts Unbedeutendes. Alles ist von Göttlichkeit durchdrungen. Mata Amritanandamayi

5. Meditation

4-Vergebung

Und vergib uns unsere Schuld, wie auch wir vergeben unseren Schuldigern.
(Matthäus 6,12)
Vergib ihnen. Sie wissen zwar, was sie tun, haben aber vergessen, wer sie sind.

Teil I

Die Vergebung der Sünden ist das wichtigste Problem im Leben. Sünde ist ein Gefühl des Getrenntseins von Gott und ist die große Tragödie im menschlichen Dasein. Sie wurzelt natürlich in der Selbstsucht. Sünde beruht auf dem Gefühl, ein gesondertes, sich selbst genügendes, persönliches Dasein zu führen, wahrend die Wahrheit des Seins lehrt, daß <u>alle eins sind</u>. Unser wahres Ich ist eins mit Gott. Weil wir alle eins mit dem großen Ganzen sind, von dem wir geistig ein Teil sind, folgt daraus, daß wir eins mit allen Menschen sind. „Denn in Ihm leben, weben und sind wir", daher sind wir alle im Grunde genommen eins. Übel, Sünde, der Sündenfall des Menschen sind im wesentlichen Versuche, diese Wahrheit in unseren Gedanken zu verneinen. Wir versuchen, getrennt von Gott zu leben. Wenn dies richtig wäre, würde es bedeuten, daß das Dasein nicht ein harmonisches Ganzes, sondern ein Durcheinander von Konkurrenz und Kampf wäre. Es würde bedeuten, daß wir völlig von unseren Mitmenschen getrennt wären, daß wir sie verletzen, beleidigen, berauben, schädigen oder sogar vernichten könnten, ohne daß wir selbst Schaden erleiden. Wenn wir anderen vergeben, befinden wir uns im Vorhof zum Himmelreich. Jesus wußte das und hat uns bis zur Tür geführt. Du mußt jedem vergeben, der dich geschädigt hat, wenn du selbst Vergebung suchst; das ist der langen Rede kurzer Sinn. Löse jeden Groll und jede Verurteilung anderer und ebenso auch jede Selbstverurteilung und alle Gewissenbisse auf. Wenn du anderen vergeben und deine eigenen Fehler aufgegeben hast, nimm die Vergebung Gottes auch für dich an, sonst kannst du keine Fortschritte machen. Vergib dir selbst, doch kannst du dir selbst solange nicht aufrichtig vergeben, bis du anderen zuerst vergeben hast. Emmet Fox

1. Meditation - Gehen

Wo könnte dein Frieden entstehen, wenn nicht aus der Vergebung? Ein Kurs in Wundern

2. Meditation – Gehen

Gott vergibt uns, wenn wir anderen vergeben. Diese Botschaft erinnert uns an den Satz des „Vaterunser": „Vergib uns unsere Schuld, so wie wir unseren Schuldnern vergeben haben." Beides betont die Qualität bedingungsloser Liebe.
Die Propheten des Alten Testaments legten Nachdruck auf ein eher juristisches Verständnis unserer Beziehung zu Gott. Gott erlässt die Gesetze. Wenn du diese Gesetze brichst, wirst du von Gott verurteilt und bestraft. Jesus aber brachte eine neue Botschaft. Gott liebt dich. Und deine Sünden vor dem Gesetz werden dir vergeben, wenn du sie erkennst und korrigierst. Statt Gott zu fürchten, solltest du lernen, Ihn zu lieben. Marshall Govindan

3. Meditation – Gehen

Alle Wege führen zu MIR. Darum gib dich ganz in MEINE Hand, suche Zuflucht in MIR, und ICH werde dich von aller Sünde befreien.
Bhagavad Gita

4. Meditation – Gehen

Ihr seid alle Blumen im Garten Gottes. Sollen wir den Garten unterpflügen, weil die eine nicht schöner ist als die andere? Genau das habt ihr getan.
Ihr seid füreinander verantwortlich. Ihr seid wahrhaftig der Hüter eures Bruders. Und wenn ihr das versteht, werden all das Elend, all das Leid, all der Schmerz aus der menschlichen Erfahrungswelt verschwinden.
Ihr werdet an dem Tag aufhören, einander zu töten, an dem ihr erkennt, dass es keinen «anderen» gibt.
Das Leben ist ewig und es gibt nur Einen von Uns.
Diese beiden Wahrheiten sind alles, was ihr je zu wissen braucht.
Neale Donald Walsch (Freundschaft mit Gott)

5. Meditation

Teil II

Wenn wir andere loslassen, befreien wir uns selbst, denn Groll ist in Wirklichkeit eine Form von Bindung. Es ist eine allgemeine Wahrheit in der Welt, daß zwei Menschen nötig sind, um jemanden gefangen zu halten: der Gefangene und der Kerkermeister. Niemand kann sich selbst in Gefangenschaft setzen. Jeder Gefangene muß einen Kerkermeister haben, und der Kerkermeister ist genauso gefangen wie der Häftling. Wenn wir Groll gegen jemanden hegen, sind wir mit ihm durch ein kosmisches Band verbunden, durch eine wirkliche, wenn auch geistige Kette. Wir sind durch ein kosmisches Band an das gebunden, was wir hassen. Durch Vergeben befreien wir uns selbst, retten wir unsere Seele. Und da das Gesetz der Liebe in gleicher Weise für alle wirkt, tragen wir zur Rettung der Seele dessen bei, dem wir vergeben, und machen es ihm leichter, das zu werden, was er sein soll.
Die Technik des Vergebens ist ganz einfach und nicht sehr schwer durchzuführen, wenn wir sie richtig verstehen. Das einzig Wesentliche ist die <u>Bereitwilligkeit</u> zu vergeben.
Emmet Fox

1. Meditation – Gehen

Alles das, was zwischen deinem Bild von dir und deinem SEIN stand, spült die Vergebung freudig weg.
Ein Kurs in Wundern

2. Meditation – Gehen

Es war einmal ein alter Sufi, der seinen Lebensunterhalt mit dem Verkauf von allerlei Krimskrams verdiente. Er schien nicht sehr kritisch zu sein, denn die Käufer bezahlten häufig mit Falschgeld, das er widerspruchslos akzeptierte, oder sie behaupteten, schon bezahlt zu haben, und auch wenn es nicht stimmte, protestierte er nicht.

Als seine letzte Stunde nahte, hob er die Augen zum Himmel und sagte: »Oh Allah, ich habe von den Menschen so manches Falschgeld angenommen, habe sie aber in meinem Herzen nicht verurteilt. Ich habe einfach vorausgesetzt, sie wüssten nicht, was sie täten. Auch ich bin Falschgeld, bitte verurteile mich nicht.«

Anthony De Mello

3. Meditation - Gehen

Man muß bereit sein, jede Kränkung zu vergeben. Es steht geschrieben, daß das Fortbestehen des Menschengeschlechts auf Vergebung beruht. Vergebung ist Heiligkeit. Vergebung hält das Universum zusammen. Vergebung ist die Macht der Mächtigen; Vergebung ist Opfer; Vergebung ist Ruhe des Geistes. Vergebung und Sanftmut sind die Eigenschaften derer, die Selbstbeherrschung üben. Sie verkörpern die ewige Tugend.

Mahabharata

4. Meditation - Gehen

Es ist so leicht zurückzuschlagen; wenn man aber statt dessen mit Liebe reagiert, wendet man die höchste Methode an, den Verfolger zu entwaffnen. Selbst wenn das nicht sofort wirkt, wird er nie vergessen, daß ihr ihm seine Schläge mit Liebe vergolten habt. Diese Liebe muß jedoch aufrichtig sein. Wenn sie von Herzen kommt, ist sie eine Zauberkraft.

Paramahansa Yogananda

5. Meditation

III Abschluss

Eine Geschichte der Vergebung
erzählt von George Ritchie, aus „Rückkehr von morgen"

Als im Mai 1945 der Krieg in Europa zu Ende ging, kam die 123. Einheit mit den Besatzungstruppen nach Deutschland. Ich gehörte zu einer Gruppe, die in ein Konzentrationslager in der Nähe von Wuppertal abgeordnet wurde, und hatte den Auftrag, medizinische Hilfe für die erst kürzlich befreiten Gefangenen zu bringen, von denen viele Juden aus Holland, Frankreich und dem östlichen Europa waren. Dieses war die erschütterndste Erfahrung, die ich je gemacht hatte; bis dahin war ich viele Male dem plötzlichen Tod und Verwundungen ausgesetzt gewesen, aber die Wirkung eines langsamen Hungertodes zu sehen, durch jene Baracken zu gehen, wo Tausende von Menschen Stückchen für Stückchen über mehrere Jahre gestorben waren, all das war eine neue Art von Horror. Für viele war es ein unwiderruflicher Prozess. Wir verloren Dutzende täglich, obwohl wir sie schnellstens mit Medizin und Nahrung versorgten.

Jetzt brauchte ich meine neue Erkenntnis, in der Tat. Wenn es so schlimm wurde, dass ich nicht mehr handeln konnte, tat ich das, was ich gelernt hatte zu tun. Ich ging von einem Ende zum anderen in dem Stacheldrahtverhau und schaute in die Gesichter der Menschen, bis ich feststellte, dass das Gesicht Christi mich anblickte.

Und so lernte ich Wild Bill Cody kennen. Das war nicht sein eigentlicher Name. Sein wirklicher

Name hatte sieben unaussprechliche polnische Silben, aber er hatte einen lang herunterhängenden Lenkstangenbart, wie man ihn auf Bildern der alten Westernhelden sah, so dass die amerikanischen Soldaten ihn Wild Bill nannten. Er war einer der Insassen des Konzentrationslagers, aber offensichtlich war er nicht lange dort gewesen. Seine Gestalt war aufrecht, seine Augen hell, seine Energie unermüdlich. Da er sowohl Englisch, Französisch, Deutsch und Russisch als auch Polnisch fließend sprach, wurde er eine Art inoffizieller Lagerübersetzer.

Wir kamen zu ihm mit allen möglichen Problemen; der Papierkram alleine hielt uns oft auf bei dem Versuch, Leute zu finden, deren Familien, ja sogar ganze Heimatorte möglicherweise verschwunden waren. Aber obwohl Wild Bill 15 oder 16 Stunden täglich arbeitete, zeigten sich bei ihm keine Anzeichen von Ermüdung. Während wir übrigen uns vor Müdigkeit hängen ließen, schien er an Kraft zu gewinnen. »Wir haben Zeit für diesen alten Kameraden«, sagte er. »Er hat den ganzen Tag auf uns gewartet.« Sein Mitleid für seine gefangenen Kameraden strahlte aus seinem Gesicht, und zu diesem Glanz kam ich, wenn mich der Mut verlassen wollte.

Ich war darum sehr erstaunt, als ich die Papiere von Wild Bill eines Tages vor mir liegen hatte, dass er seit 1939 im KZ gewesen war! Sechs Jahre lang hatte er von derselben Hungertoddiät gelebt und wie jeder andere in derselben schlecht gelüfteten und von Krankheiten heimgesuchten Baracke geschlafen, dennoch ohne die geringste körperliche oder geistige Verschlechterung. Noch erstaunlicher war vielleicht, dass jede Gruppe im Camp ihn als einen Freund betrachtete. Er war derjenige, dem Streitigkeiten zwischen den Insassen zum Schiedsspruch vorgelegt wurden. Erst nachdem ich wochenlang dort gewesen war, erkannte ich, welch eine Rarität dies in einem Gelände war, wo die verschiedensten Nationalitäten von Gefangenen einander fast so sehr hassten, wie sie die Deutschen hassten.

Was die Deutschen betraf, stiegen die Gefühle gegen sie in einigen der Lager, die etwas früher befreit worden waren, so hoch, dass frühere Gefangene sich Gewehre geschnappt hatten, in das nächste Dorf gerannt waren und einfach den ersten Deutschen, den sie sahen, erschossen hatten. Wir hatten Anweisung, solche Zwischenfälle zu verhindern, und wieder war Wild Bill unser größter Aktivposten, wenn er mit den verschiedenen Gruppen vernünftig redete und ihnen riet, Vergebung zu üben.

»Es ist nicht leicht für sie, zu vergeben«, erklärte ich ihm eines Tages, als wir im Zentrum für alle Abwicklungen mit unseren Teebechern beieinander saßen. »Viele von ihnen haben ihre Familienangehörigen verloren.«

Wild Bill lehnte sich in dem geraden Stuhl zurück und schlürfte sein Getränk.

»Wir lebten im jüdischen Sektor von Warschau«, fing er langsam an. Es waren die ersten Worte, mit denen er mir gegenüber von sich selbst sprach. »Meine Frau, unsere zwei Töchter und unsere drei kleinen Jungen. Als die Deutschen unsere Straße erreichten, stellten sie alle an die Mauer und eröffneten mit Maschinengewehren das Feuer. Ich bettelte, dass sie mir erlauben würden, mit meiner Familie zu sterben, aber da ich Deutsch sprach, steckten sie mich in eine Arbeitsgruppe.«

Er unterbrach seinen Bericht, vielleicht weil er wieder seine Frau und seine fünf Kinder vor sich sah. »Ich musste mich dann entscheiden«, fuhr er fort, »ob ich mich dem Hass den Soldaten gegenüber hingeben wollte, die das getan hatten. Es war eine leichte Entscheidung, wirklich. Ich war Rechtsanwalt. In meiner Praxis hatte ich zu oft gesehen, was der Hass im Sinn und an den Körpern der Menschen auszurichten vermochte. Der Hass hatte gerade sechs Personen getötet, die mir das meiste auf der Welt bedeuteten. Ich entschied mich dafür, den Rest meines Lebens - ob nur wenige Tage oder viele Jahre - jede Person, mit der ich zusammenkam, zu lieben«.

1. Meditation – Gehen

Wenn ich mir selbst vergeben und mich daran erinnert habe, WER ich bin, werde ich alles und

2. Meditation – Gehen

Vergebung kann mit ihrer besänftigenden Schwingung göttlicher Liebe die zerstörerischen Gefühle auflösen, die durch Zorn, Schuldbewußtsein oder Haß hervorgerufen werden.   Daya Mata

3. Meditation – Gehen

Alle großen Meister lehren uns, innerlich frei und unberührt zu bleiben. Sie reagieren niemals. Vergebung ohne jedes Gefühl von Haß oder Rachsucht ist die Haltung des unbeteiligten Beobachters. Sie entsteht, wenn man frei von allen Bindungen ist. Dies ist nur möglich, wenn man frei von Ego ist. Diese Haltung des reinen Beobachtens stellt sich ein, wenn man den Zustand jenseits der Gedanken erreicht. Gedanken und Ego können nur reagieren.   Mata Amritanandamayi

4. Meditation – Gehen

Vergebung anzubieten ist die einzige Möglichkeit, sie selbst zu haben, denn sie spiegelt das Gesetz des HIMMELS wider, dass Geben und Empfangen dasselbe sind.   Ein Kurs in Wundern

5. Meditation

5-Maya

**Ferner als alles, näher als alles,
innerhalb von allem, außerhalb von allem.
(Isha Upanishad)**

Teil I

«Meister», fragte ein Schüler, «welchem Zweck dient das Böse in Gottes Schöpfung? Zweifellos ist der Herr ein Gott der Güte und Liebe. Ist es möglich, daß er, wie einige moderne Schriftsteller behaupten, das Böse nicht kennt?»

Yogananda schmunzelte. «Gott müßte ziemlich dumm sein, wenn er das Böse nicht kennen würde! Wo Er doch jeden Spatzen fallen sieht, wie könnte Ihm da etwas so Offensichtliches wie das Böse nicht bewußt sein?»

Der Schüler daraufhin: «Vielleicht erkennt er es nicht als böse.»

Yogananda: «Was das Böse zum Bösen macht, ist der Schaden, den es uns zufügt. Natürlich ist Er sich dessen bewußt, daß die Menschen im Zustand der Täuschung leben und daß sie deshalb leiden. Er selbst schuf diese Illusion.»

Der Schüler: «Dann hat Gott das Böse geschaffen?»

*Yogananda: «Das Böse ist Seine **Maya** oder kosmische Illusion. Es ist eine bewußte Kraft, die, nachdem sie einmal geschaffen worden ist, sich zu verewigen versucht. Maya ist der Satan. Er versucht, unser Bewußtsein an Irdisches zu binden. Gott, die Eine Wirklichkeit, versucht gleichzeitig, uns durch Seine göttliche Liebe wieder zu sich hin zu ziehen.»*

Der Schüler: «Dann muß Satan eine Rolle im göttlichen Plan zugedacht sein. »

Yogananda: «Das Böse dient dem gleichen Zweck wie der Schurke in einem Schauspiel: Seine Untaten bringen uns dazu, Gefühle der Liebe zum Helden und zur Tugend zu entwickeln. Ebenso dient das Böse mitsamt seinen schmerzhaften Auswirkungen dazu, daß sich in uns Liebe zum Guten und zu Gott entwickelt. »

Der Schüler: «Aber Meister, wenn Gut und Böse nur Teile eines kosmischen Schauspiels sind, was macht es dann aus, welche Rolle wir darin spielen? Ob als Heilige oder als Verbrecher, unsere Rollen sind doch ohnehin illusionär und haben keinen Einfluß auf unsere wahre Natur als Ebenbilder Gottes.»

Der Meister lachte. «Im höchsten Sinne hast du recht. Aber vergiß nicht, daß du, wenn du in einem Schauspiel die Rolle des Schurken spielst, auch wie ein Schurke bestraft wirst!

Spielst du hingegen die Rolle des Heiligen, so wirst du aus diesem kosmischen Traum erwachen und dich für alle Ewigkeit des Einsseins mit dem Träumenden erfreuen.» Paramahansa Yogananda

1. Meditation - Gehen

Es ist falsch zu sagen, Gott habe das Universum geschaffen. Er schuf es nicht - zumindest nicht auf die Weise, wie ein Tischler einen Tisch baut.

Gott wurde das Universum. Ohne auf irgendeine Weise seine Wesensnatur zu verändern, manifestierte Er einen Teil Seines Bewußtseins als Maya, als kosmische Illusion.

Nichts ist so, wie es zu sein scheint. Alles, was existiert, ist eine Manifestation der Gedanken Gottes. Paramahansa Yogananda

2. Meditation – Gehen

Suche Zuflucht bei Gott, der alles ist. Der höchste Herr ist allwissend, allgegenwärtig und allmächtig. Die Gottesverwirklichung sollte unser einziges Ziel sein. Welchen Nutzen hat das ziellose Umherwandern im Leben? Was das Ziel des Lebens betrifft, darf es keine Täuschung geben.   Mata Amritanandamayi

3. Meditation – Gehen

Die Wahrnehmung kann jedes Bild machen, das der Geist zu sehen wünscht. Erinnere dich daran. Darin liegt entweder der Himmel oder die Hölle – ganz wie du es wählst.   Ein Kurs in Wundern

4. Meditation – Gehen

Der einzige Unterschied zwischen einem Weisen und euch ist: Ihr seht die Welt und identifiziert euch damit. Der Weise sieht die Welt und weiß, sie ist eine Erscheinung im Bewusstsein. Also identifiziert er sich mit Bewusstsein.   Robert Adams

5. Meditation

Teil II

Wie hat Gott, die eine Wirklichkeit, bewirkt, daß dieses Universum der Erscheinungen sich manifestierte? Er tat dies mittels des Gesetzes der Dualität.

Sein eines Bewußtsein nahm die Erscheinungsform von Gegensätzen an: des Positiven und Negativen, des Lichtes und der Dunkelheit, der Lust und des Schmerzes und so weiter, so daß unendlich viele gegensätzliche Illusionen entstanden.

Ein Teil Seines Bewußtseins bewegte sich. Wie es in der Bibel heißt: <Und der Geist Gottes bewegte sich über dem Wasser.> Wir könnten jene Bewegung mit der Bewegung der Wellen auf dem Meer vergleichen. Die Höhe des Meeresspiegels verändert sich nicht, auch wenn die Wellen sehr hochschlagen. Denn jede Aufwärtsbewegung an einer Stelle wird durch eine Abwärtsbewegung an einer anderen ausgeglichen. Der Wasserspiegel bleibt insgesamt stets gleich.

Ebensowenig wird Gott, das Meer des Geistes, durch Seine Schöpfung verändert. Auf der <Oberfläche> Seines Bewußtseins jedoch bewegt sich sein Geist, und jene Bewegung oder jene Schwingung erzeugt die Dualität, die dem Steigen und Fallen der Wellen auf dem Meer vergleichbar ist.

Der Unendliche Eine veranlaßte einen Teil von sich selbst dazu, zwei zu werden, dann viele, bis die kosmischen Schwingungen schließlich Sterne, Galaxien und Planeten, Blumen, Bäume und menschliche Körper erzeugten

Die kosmische Schwingung wird Aum genannt. Dies ist das Amen im Buch der Offenbarung der Bibel. Es ist das Wort im Johannesevangelium. Es ist die >Sphärenmusik< der alten Griechen. Es ist das Amin der Muslime, das Ahunavar der Zarathustra-Anhänger. Aus jener großen Schwingung ist alles entstanden, was geschaffen wurde.

Schwingung erzeugt Dualität. Wenn du die Eine Wirklichkeit hinter allen Erscheinungsformen

erkennen willst, dann entferne dich geistig von den gegensätzlichen Zuständen der Natur. Akzeptiere mit Gleichmut, was immer dir im Leben widerfährt: Lust und Schmerz, Freude und Trauer, Erfolg und Mißerfolg.
Lebe für Gott allein. Diene nur Ihm. Liebe nur Ihn.   Paramahansa Yogananda

1. Meditation – Gehen

Die Welt ist nicht etwa nicht-existent. Die Welt ist unbeständig oder schwankend. In jedem Moment ist sie Veränderung unterworfen. Sie ist nicht von Dauer. Ihre äußere Erscheinungsform verändert sich, doch das, was ihr Erscheinen bewirkt, ist unveränderlich. Das ist Atman, die Grundlage, auf der alle Veränderungen stattfinden.   Mata Amritanandamayi

2. Meditation – Gehen

Die Wahrheit der Welt kannst du nicht erkennen, wenn dein Denken sich nur um die Begrenzungen dreht. Die Welt kann als grobstoffliche Form Gottes gesehen werden. Allein Sein göttliches Spiel wird hier gespielt. Es gibt keinen einzigen Ort, der hier nicht heilig ist. Reinheit und Unreinheit sind unsere Erfindungen.   Mata Amritanandamayi

3. Meditation - Gehen

Laß nicht manche Träume annehmbarer sein, während du Scham und Heimlichkeit für andere vorbehältst. Sie sind eins. Und da sie eins sind, sollte eine einzige Frage in Bezug auf sie gestellt werden: »Ist es das, was ich an Stelle des HIMMELS und des Friedens GOTTES haben möchte?« Dies ist die Wahl, die du triffst. Gib dich nicht der Täuschung hin, daß es anders sei. Kein Kompromiß ist dabei möglich. Du wählst den Frieden GOTTES, oder du hast um Träume gebeten.   Ein Kurs in Wundern

4. Meditation - Gehen

Jede Phantasie, egal, ob es eine der Liebe ist oder des Hasses, entzieht dir die Erkenntnis, denn Phantasien sind der Schleier, hinter dem die Wahrheit verborgen ist.
Um den Schleier zu lüften, ist es nur nötig, die Wahrheit mehr als jede Phantasie zu schätzen.   Ein Kurs in Wundern

5. Meditation

III Abschluss

So beginnt es. Sie erkennen das Böse nicht länger als Realität an. Es mag eine Tatsache sein, aber wessen Tatsache? Derer, die in einer Traumwelt leben. Und noch einmal: Alle Tatsachen sind Veränderungen unterworfen. Daher kann alles, was Tatsache ist, nie Realität sein. Realität setzt voraus, dass es für immer und immer so bleibt, ohne Veränderung. Harmonie ist Realität. Liebe ist

Realität. Freude ist Realität. Glückseligkeit ist Realität. Du bist Realität so wie du bist, nicht was du denkst. Wenn du zu denken anfängst, kann du mit mir argumentieren und sagen: „Wie kann ich Realität sein, wenn ich dies und das erfahre?" Du denkst, deshalb sagst du das. Aber wenn du einfach so bleibst wie du bist, in diesem Moment, dann bist du Realität. Wenn du zu der Tatsache aufwachst, dass du Absolute Realität bist, dass du Reines Gewahrsein bist, dass du Bewusstsein bist, dann wirst du alles. Wenn du weißt, dass du alles bist, dann wirst du Meister von allem. Und wenn du Meister von allem bist, kannst du tun, was immer du möchtest. Zuerst aber musst du aufwachen. Du musst deine wahre Natur verstehen. Du musst erkennen, wer du bist. Wenn du verstehst, dass du Bewusstsein bist, dann verstehst du, dass du alles bist. Denn Bewusstsein ist nicht auf dich selbst begrenzt, auf dein persönliches Selbst. Bewusstsein ist Allumfassend, Allgegenwärtig. Daher weißt du, dass du alles bist.   Robert Adams

1. Meditation – Gehen

Bleibe innerlich losgelöst von allem, was in deinem Leben geschieht. Auf diese Weise wirst du dich allmählich von der Identifikation mit dieser Traumwelt befreien und dir deines Einsseins mit dem Träumenden bewußt werden.   Paramahansa Yogananda

2. Meditation – Gehen

Die Menschen haben vergessen, wer sie sind. Das Ego hat sich eingeschlichen und uns in einen Zustand äußerster Vergeßlichkeit und Unbewußtheit gelockt. Wir müssen aus unserer Erstarrung erwachen. Die erwachte Seele identifiziert sich niemals mit dem Spiel, auch wenn sie mit Freuden daran teilnimmt. Für sie ist es ein Spiel unendlichen Bewußtseins. In diesem unendlichen Spiel des Bewußtseins, in dem Gott im Mittelpunkt steht, gibt es nichts Unbedeutendes. Alles ist von Göttlichkeit durchdrungen. Jeder Grashalm und jedes Sandkorn sind von göttlicher Energie erfüllt. Der Erwachte nimmt eine Haltung tiefer Verehrung und Demut der gesamten Schöpfung gegenüber ein. Denn sobald du das Ego überwunden hast, bist du nichts - du bist von göttlichem Bewußtsein erfülltes unendliches Nichts. Wenn du jeglicher Existenz mit der Haltung demütiger Verbeugung begegnest, fließt diese Existenz in dich ein. Du erlebst alles als Teil von dir, nichts ist mehr von dir verschieden.   Mata Amritanandamayi

3. Meditation – Gehen

Wirklich meinen, daß du den Frieden GOTTES willst, heißt, allen Träumen zu entsagen. Denn niemand meint diese Worte, der Illusionen will und daher nach den Mitteln sucht, die Illusionen mit sich bringen. Er hat auf sie geschaut und sie als mangelhaft befunden. Jetzt sucht er, über sie hinauszugehen, da er begreift, daß ein weiterer Traum nicht mehr als alle andern bieten würde.   Ein Kurs in Wundern

4. Meditation – Gehen

Jetzt sehe ich, daß ich nur die Wahrheit brauche. Darin sind alle Bedürfnisse befriedigt, endet alle

6-Meditation

Deine Wirklichkeit ist nur reiner Geist
(Ein Kurs in Wundern)

Teil I

Sobald der Geist nach innen gerichtet ist und von seiner Identifikation mit der Welt und mit dem Körper abgezogen ist, wird das innere Licht klar und dauerhaft sichtbar. Die inneren Klänge absorbieren dann alles andere. Aum erfüllt das Gehirn, und seine Schwingung bewegt sich entlang der Wirbelsäule abwärts, öffnet mit Macht die Tür zum Herzensgefühl und fließt in den Körper. Der ganze Körper vibriert vom Klang des Aum.

Allmählich, wenn die **Meditation** *an Tiefe gewinnt, erweitert sich das Bewußtsein mit jenem Klang. Er geht über die Grenzen des Körpers hinaus und umfaßt die Unermeßlichkeit der unendlichen Schwingung. Du verwirklichst dann deine Einheit mit der gesamten Existenz als Aum, die Kosmische Schwingung.*

Dieser Zustand wird Aum-Samadhi genannt oder Vereinigung mit Gott als dem Kosmischen Klang. Aum ist jener Aspekt der Dreifaltigkeit des Christentums, der als der Heilige Geist oder als das Wort Gottes bezeichnet wird.

Durch noch tiefere Meditation nimmt man im physischen Körper, unter der Aum-Schwingung liegend, die schwingungslose Stille des Christusbewußtseins wahr, den unbewegten Geist jenseits der Schöpfung, so wie er sich in der Schöpfung spiegelt.

In der alten spirituellen Überlieferung wird vom Christusbewußtsein als dem Sohn gesprochen. Denn so wie bei den Menschen der Sohn ein Spiegelbild des Vaters ist, reflektiert im kosmischen Bewußtsein der Christus - im Sanskrit Krishna oder Kuthastha Chaitanya genannt - in allen Dingen das Bewußtsein Gottes, des Vaters jenseits der Schöpfung.

Wenn die Meditation noch tiefer wird, wird das Gewahrsein des Christusbewußtseins über die Grenzen des Körpers hinaus ausgedehnt, so daß man schließlich seine Einheit mit dem Christusbewußtsein wahrnimmt, welches dem manifesten Universum zugrundeliegt.

Bei noch tieferer Meditation geht man über die Schöpfung hinaus und vereint sein Bewußtsein mit dem des Vaters, Satchidananda, mit dem großen Meer des göttlichen Geistes.

In diesen aufeinander aufbauenden Stufen der Verwirklichung werden in umgekehrter Reihenfolge die drei Aspekte der christlichen Dreifaltigkeit entdeckt: Vater, Sohn und Heiliger Geist.

Jesus wurde der Christus genannt. Die meisten Menschen sind sich nicht darüber im klaren, daß Christus nicht der Geburtsname Jesu war. Vielmehr war dies ein Titel, welcher bedeutet: <Der Gesalbte des Herrn> oder <Der Auserwählte Gottes>.

Ebenso war Krishna in Indien in Wirklichkeit Jadava, der Krishna - oder Christna, wie das Wort manchmal auch geschrieben wird, um anzudeuten, daß der Sinn der gleiche ist wie der des Titels Christus.

Jesus war ein Meister. Er erlangte das Christusbewußtsein. Jeder, der diesen Bewußtseinszustand erreicht, kann mit Recht ebenfalls Christus genannt werden, denn er hat sein Ich in das unendliche Bewußtsein aufgelöst.
Paramahansa Yogananda

1. Meditation - Gehen

Wenn einmal, gleichsam ganz und gar vom Nektar der Einheit trunken, die Seele von der Urschönheit durchdrungen ist, geht der Mensch nicht mehr als einfacher Zuschauer davon, weil seine schauende Seele das Geschaute in sich selbst gefunden hat. Aus beiden ist ein Geeintes geworden. Solchermaßen innerlich geeint, wird die Seele der Gnade der Erfüllung und Erleuchtung teilhaftig. Plotin

2. Meditation – Gehen

Benutze das Mantra, indem du es ständig rezitierst, und es wird dich in den Zustand der Verwirklichung versetzen. Beginne damit, das Mantra leise zu rezitieren. Sodann rezitiere es im Geiste. Später rezitiere das Mantra mit jedem Ein- und Ausatmen, bis es zu einer selbstverständlichen und kontinuierlichen Erfahrung wird. Du wirst schließlich einen Zustand der Meditation erreichen, in dem der Geist zu vollendeter Ruhe gelangt und japa, die Wiederholung des Mantras, von selbst aufhört. Mata Amritanandamayi

3. Meditation – Gehen

Wenn der Geist keine Unterscheidungen mehr macht, werden alle Dinge eins mit dem Ungeschaffenen. Laß das Große Geheimnis des Ungeborenen alle Vorstellungen von Verwicklungen auflösen. Wenn wir die „Zehntausend Dinge" in ihrem Sosein schauen, kehren wir zu unserem Ursprung zurück und sind da, wo wir immer waren. Seng Ts'an

4. Meditation – Gehen

Meditation zieht das Bewußtsein von allen Gedanken ab. Tauchen Sie in den Urgrund, dem diese entspringen. Manchmal geschieht das unbewußt, wie im Schlaf. Aber Meditation bedeutet bewußtes Entsinken in den Urgrund. Ramana Maharshi

5. Meditation

Teil II

Es gibt zwei Stufen des Samadhi. Auf der ersten verschmilzt das Bewußtsein in der Meditation mit dem Unendlichen. Der Yogi kann diesen Zustand jedoch nicht aufrechterhalten, nachdem er seine Meditation beendet hat. Jener Zustand wird Savikalpa-Samdhi genannt.
Der zweite Zustand wird Nirvikalpa-Samddhi genannt. In diesem Bewußtseinszustand erhältst du deine göttliche Verwirklichung auch dann aufrecht, wenn du arbeitest oder sprichst oder dich in der Welt umherbewegst. Nirvikalpa ist die höchste Verwirklichung. Ist sie einmal erreicht, so besteht nicht mehr die Gefahr, in die Täuschung zurückzufallen. Paramahansa Yogananda

1. Meditation – Gehen

I.2: *Yoga ist das Auflösen der Identifikation mit den Fluktuationen, die im Bewusstsein entstehen.*

I.3: *Dann ruht der Sehende in seinem wahren Wesen.* Patanjali

2. Meditation – Gehen

Schließe deine Körperaugen, wende dich einwärts und öffne dich schweigend jener inneren Schau der Wirklichkeit, auf die du von Geburt an ein Anrecht hast. Ziehe dich gänzlich in dich selbst zurück und blicke auf dich selbst. Plotin

3. Meditation - Gehen

Wer zu Gott kommen will, der muss mit nichts kommen. Meister Eckhart

4. Meditation - Gehen

Wenn du betest, dann stelle dir die Gottheit nicht als Bild vor. Halte deinen Geist überhaupt frei von jeglicher Form und nähere dich ohne jede Materie dem immateriellen Wesen, denn so nur wirst du es erkennen.

Lass mich hier wiederholen, was ich schon bei anderer Gelegenheit gesagt habe: Selig ist jener Geist, der beim Gebet völlig frei ist von jederlei Form. Evagrius Ponticus

5. Meditation

III Abschluss

Die höheren Stadien

Dharana, das sechste Stadium, bedeutet „Konzentration". Diese Konzentration jedoch meint nicht nur einen auf einen bestimmten Punkt ausgerichteten Geist. Sie bedeutet die wellenlosen ersten Stadien des Gottesbewusstseins, wenn das Ego klar wenigstens einige Ebenen der Wirklichkeit erkennt, von denen es zuvor lediglich flackernde, flüchtige Blicke erhaschen konnte.

Im Stadium des dharana ist das Ego immer noch vorhanden. Es ist es immer noch getrennt von Erfahrungen durch den Gedanken: „Ich, dieses menschliche Wesen, erfreue mich an dieser Erfahrung."

Das siebte Stadium auf dem Weg wird dhyana oder „Meditation" genannt. Der Grund, warum ich die Sanskrit-Bezeichnung statt der deutschen Form benutze, liegt nicht darin, dass sie feinstoffliche Inhalte enthält, die das deutsche Wort vermissen lassen würde, sondern weil es Inhalte ausschließt, die im deutschen Wort eingeschlossen sind.

Denn das Wort „Meditation" beinhaltet alle Übungen, die in diesem Buch enthalten sind. Dhyana andererseits bezieht sich nur auf dieses besondere Stadium auf dem Meditationsweg. Dhyana bedeutet dasjenige Stadium, in dem der Geist, der ruhig und vollständig aufnahmebereit geworden ist, sich selbst im Licht (oder in einem anderen göttlichen Attribut) verliert und bemerkt, dass sich sein Ego-Bewusstsein in diesem Licht auflöst. Das Licht, das man in tiefer Meditation erblickt, oder die Klänge, die man hört, oder die Liebe oder die Freude definieren die Selbstwahrnehmung neu. Man erkennt sich selbst als Manifestation der Unendlichen Wahrheit.

31

Spirituelles Erwachen ist letztlich ein „Verlernen"- in dem Sinne, dass es ein Prozess des göttlichen Erinnerns ist. „Ah, ja!", murmelt die Seele. „Ich erinnere mich nun an alles. Das also bin ich!"
Dhyana, das siebte Stadium, ist das wahre Stadium der Meditation. An diesem Punkt vergisst das Ego, das die überirdische Wirklichkeit kontempliert, seine getrennte Identität und wird zur Seele.
An diesem Punkt wird der spirituelle Fortschritt zu einer stets zunehmenden und tieferen Selbst-Erinnerung. Die Seele, die sich an ihre wahre Natur erinnert, identifiziert sich immer vollständiger und vollkommener mit dieser göttlichen Erinnerung. Sie erkennt sich selbst, zunächst als eine reine Projektion des Reinen Bewusstseins. Dann schließlich erkennt sie sich als wirklich Reines Bewusstsein selbst.
Samadhi (Einssein), das achte und letzte Stadium auf der meditativen Reise, stellt sich ein, wenn die Seele, die ihre Körper-Identität vollkommen verloren hat, mit der größeren Wirklichkeit eins wird, von der der Körper und alles andere in der Schöpfung nur Erscheinungsformen sind. Die Identität, die sie verlässt, ist nicht nur ihr physischer Körper, sondern auch ihre feinstofflichen Körper. Wenn erst einmal die feinstofflichste Wand der Trennung eingerissen ist, dann gibt es nichts mehr, was sie von der Vereinigung mit dem Unendlichen abhalten könnte. Die Welle, die auf der Oberfläche des Meeres so viele Leben lang gespielt hat, vereinigt sich endlich wieder vollständig mit dem Meer - und ihre Bewegung löst sich auf zu vollkommener Stille.
Samadhi ist kein Bewusstseinszustand. Es ist das kosmische Bewusstsein, der Zustand, in dem die Seele sich selbst erkennt als das „wahre Zentrum von allem, und nicht und überhaupt nicht mehr die Peripherie". In diesem Zustand bleibt keine einzige kräuselnde Bewegung auf dem Meer des Bewusstseins übrig. Diese Leere ist der Zustand des nirwana. Die Seele weiß in dieser Leere nur, dass sie existiert. Sie ist bis auf ihre letzte, unreduzierbare Essenz abgestreift: die gänzliche Erkenntnis: „ICH BIN."
Dies ist jedoch nicht das allerletzte Stadium. Es ist ein Loslassen: Es ist nicht das letzte Erreichen. In diese Leere bricht nun eine neue Wirklichkeit ein: absolute Seligkeit, ewige Liebe. Aus der Erkenntnis heraus, dass sie nichts als die Existenz selbst ist, entdeckt die Seele, dass sie alles weiß. Von dem Moment an, wo sie die Zwiebel ihrer letzten Schale entkleidet hat - des letzten kosha, das das Herz bedeckte -,schreitet die Seele fort zu entdecken, dass sie alles ist.
Indem sie nichts besitzt, entdeckt sie, dass sie alles besitzt. Das ist Satchitananda - ewig-existierende, ewig-bewusste, allzeit-neue Seligkeit.
Im Osten und im Westen werden unterschiedliche Begriffe benutzt, um dieses letzte Stadium der Befreiung zu beschreiben. Paramhansa Yogananda benutzte den Begriff sabikalpa und nirbikalpa samadhi.
Sabikalpa samadhi, sagte er, beschreibt dasjenige Stadium, in dem die Seele erstmals aus ihrem Käfig des Ego auftaucht und mit dem kosmischen Licht oder Klang verschmilzt (oder mit irgendeinem anderen der sechs Eigenschaften göttlichen Bewusstseins). Sabikalpa samadhi ist die vorübergehende, nicht dauerhafte Einheit. Die Seele hat in diesem Zustand die Freiheit kennengelernt, aber die Erinnerung an die Bindung des Ego ist noch vorhanden und fleht, als wäre sie im Hintergrund einer tiefen Höhle: „Erfreue dich an deinem Selbst eine Zeitlang, wenn du musst, aber, bitte, erinnere dich an mich!"
Wiederholte Trennungen vom Ego sind notwendig, bevor die Seele ihren göttlichen Bewusstseinszustand erhalten kann, selbst nachdem sie vom äußeren Bewusstsein zurückkehrt. An diesem Punkt ist sie sich des Ego nicht mehr in menschlichen Begriffen bewusst, sondern weiß, dass sie eine Manifestation der unendlichen Wirklichkeit ist. In diesem Stadium ist sie schließlich in der Lage, dieses Bewusstsein innerer Freiheit auch zu behalten, wenn sie ihre normalen menschlichen Funktionen in der Welt ausführt. Dies ist letztlich der Zustand von jivanmukta, einem Zustand ewiger Freiheit, da die Seele von ihrer Bindung an ihr früheres Bewusstsein des „Ich" und „Mein" befreit ist. Dieses höchste samadhi nannte Paramhansa Yogananda nirbikalpa samadhi. Andere große Lehrer haben es auf unterschiedliche Weise bezeichnet: sahaja samadhi, zum Beispiel: „müheloses Samadhi".

Eins-sein ist also das letzte Ziel der Meditation. Lange vor diesem letzten Ziel jedoch erreicht man einen Punkt, an dem Meditation nicht mehr als eine formale Praxis notwendig ist, da jeder Moment des Lebens, jedes Flackern menschlichen Bewusstseins, jedes Atom des eigenen Körpers durchdrungen ist von göttlicher Seligkeit. Kriyananda

1. Meditation – Gehen

Gott ist das Eine, in dem alles geeint ist, und er ist auch das Überfließen des Einen in alles, so dass alles das ist, was es ist. In der einsichtigen Schau fällt dies beides zusammen, dass er das Eine ist, in dem alles ist, und alles, in dem eines ist. So werden wir dann wirklich vergöttlicht, wenn wir dahin emporgehoben werden, dass wir im Einen selbst eins sind, in dem alles ist und der in allem ist.
Daher musst du dich in tiefer Meditation erheben über alle Gegensätze, alles Gestaltete, alle Orte und Zeiten, über Bilder, alles Beschränkte, alle Unterschiede, alle Trennung und Verbindung, über Bejahung und Verneinung. Nikolaus von Kues

2. Meditation – Gehen

Vijnana Bhairava Vers 108. Man soll den Geist von allen Stützen befreien und das zerstreuende Denken lassen. Dann, o gazellenäugige Göttin, wird man zu Bhairava, wenn das Selbst mit dem absoluten Selbst eins geworden ist.
Komm. B. Bäumer: Das unmittelbare Loslassen aller Stützen und Gedanken ist nur möglich auf dem göttlichen Weg. Alle anderen Methoden benützen irgendeine äußere oder innere Stütze als Ausgangspunkt, wie wir gesehen haben. Alle diese Krücken muß der Yogi aufgeben, die Betrachtung äußerer Gegenstände (Weg des Individuums) oder innerer Vorstellungen (Weg der Energie), um frei zu sein in der göttlichen Freiheit. Das ist die einzige, wenn auch schwierige Bedingung für die mystische Vereinigung des individuellen Selbst mit dem göttlichen, transzendenten Selbst. Nur ein kleiner Schleier trennt den Menschen von der Vergöttlichung! »Ohne Stützen« und »frei von dualistischen Gedanken« sind göttliche Eigenschaften, denen sich der Yogi anpassen muß.

3. Meditation – Gehen

Vijnana Bhairava Vers 109. Der Höchste Herr ist allwissend, allwirkend und allgegenwärtig: »Da ich die Eigenschaften Sivas (des Gütigen) habe, bin ich Er.« - Wenn man eine so feste Überzeugung gewinnt, wird man zu Siva.
Komm. B. Bäumer: Erst nach der Befreiung von allen Stützen und Gedanken (Vers 108) ist es möglich, über die göttlichen Eigenschaften des Höchsten Herrn zu meditieren. Es ist bezeichnend, daß die Meditation über Gott relativ spät im Text vorkommt, als wäre die ganze Vorbereitung nötig, um sich der göttlichen Wirklichkeit zu nähern, die in diesem Vers beschrieben wird. Die drei Eigenschaften des Herrn, die hier hervorgehoben werden, sind seine Allwissenheit, seine Alltätigkeit und seine Allgegenwart. Doch ist der Herr nicht Gegenstand der Meditation, sondern durch die Identifizierung mit seinen Eigenschaften wird der Yogi zu Siva. Der zentrale Mantra so'ham, »Ich bin Er«, oder sivo'ham, »Ich bin Siva«, ist in diesem Vers enthalten. Keine Meditation

über Gott, sondern Wiedererkennen der eigenen göttlichen Wirklichkeit ist Inhalt dieser dharana. Die grundlegende Philosophie der Schule ist die Lehre vom Wiedererkennen. Der Mensch ist seinem Wesen nach göttlich, doch hat er seine göttliche Natur vergessen und sich in seine Individualität limitiert. Das Wiedererkennen dieser Wesensnatur ist die primäre Aufgabe jeder spirituellen Praxis, die hier beschrieben wird.

4. Meditation – Gehen

Ich will mich daran erinnern, daß ich eins mit GOTT bin, mit meinem SELBST und allen meinen Brüdern, auf ewig heilig und in Frieden.   Kurs in Wundern

5. Meditation

7-Stille

Seid stille und erkennet, dass ich Gott bin!
(Psalm 46)

Teil I

Die meisten Menschen verbringen ihr ganzes Leben als Gefangene innerhalb der Grenzen ihres eigenen Denkens. Sie gehen nie über das enge, erdachte, personalisierte Ichgefühl hinaus, das durch die Vergangenheit konditioniert ist.

In dir ist jedoch wie in jedem Menschen eine Bewusstseinsdimension, die viel tiefer reicht als das Denken. Das ist die eigentliche Essenz dessen, der du bist. Man könnte es Präsenz, Gewahrsein oder unkonditioniertes Bewusstsein nennen. In den alten Lehren heißt es »innerer Christus« oder »Buddhanatur«.

Diese Dimension zu finden befreit dich und die Welt von dem Leid, das du über dich selbst und andere bringst, wenn das erdachte kleine Ich alles ist, was du kennst und was dein Leben bestimmt. Liebe, Freude, gesteigerte Kreativität und anhaltender innerer Frieden können nur durch diese Dimension des unkonditionierten Bewusstseins in dein Leben einfließen.

Wenn du die Gedanken, die dir durch den Kopf gehen, auch nur gelegentlich als bloße Gedanken erkennen kannst, wenn du Beobachter deiner eigenen mental-emotionalen Verhaltensmuster sein kannst, so wie sie auftreten, eröffnet sich dir diese Dimension bereits als das Gewahrsein, in dem Gedanken und Emotionen aufsteigen - als zeitloser innerer Raum, in dem sich dein Lebensinhalt entfaltet.

Eckhart Tolle (Stille spricht)

1. Meditation - Gehen

Fr: Was ist mouna, das große Schweigen?

M: Mouna bedeutet nicht, den Mund zu halten; es ist die ewige <Sprache>.

Fr: Das verstehe ich nicht.

M: Mouna ist der Zustand, der jenseits von Sprache und Denken liegt.

Fr: Wie erreicht man ihn?

M: Halten Sie irgendeine Vorstellung fest und verfolgen Sie sie zurück zu ihrem Ursprung; aus solcher Konzentration ergibt sich die Stille. Wenn die Übung selbstverständlich wird, endet sie in Stille. Meditation ohne geistige Tätigkeit ist Schweigen. Tiefe Meditation ist die Sprache des Ewigen.

Fr: Wie geht aber weltliches Wirken weiter, wenn man das Schweigen beobachtet?

M: Wenn Frauen mit dem Wassergefäß auf dem Kopf vom Brunnen kommen, dann schwatzen sie zwar miteinander, geben aber gleichzeitig sehr gut acht auf die Last auf ihrem Kopf. Ebenso kann ein Weiser tätig sein, ohne daß dies sein inneres Schweigen stört, da sein Geist in Brahman ruht.

Ramana Maharshi

2. Meditation – Gehen

Im Schauen hat die Seele Ruhe und sucht nichts mehr, da sie der Fülle teilhaftig ist. Und die Erkennende gelangt zum Einssein mit dem Erkannten.

Plotin

3. Meditation – Gehen

Ihr braucht nicht erst in den Himmel zu kommen, um Gott zu schauen.
Ihr braucht auch nicht laut zu rufen, als ob Gott sich in weiter Ferne befände.
Auch braucht ihr ihn nicht anzuflehen, er möge euch Flügel verleihen, damit ihr zu ihm gelangt.
Seid einfach nur still und ihr werdet Gott in eurem Innern begegnen.   Teresa von Avila

4. Meditation – Gehen

Reines Bewusstsein ist Leben vor seiner Manifestation, und dieses Leben betrachtet die Welt der Formen mit »deinen« Augen, den du bist das Bewusstsein. Wenn du dich darin erkennst, erkennst du dich in allem und jedem. Es ist ein Zustand vollkommener Wahrnehmungsklarheit. Mit der Sprache kannst du bestenfalls ausdrücken, dass es ein Bereich wachsamer Stille ist, in dem die Wahrnehmung stattfindet.   Eckhart Tolle (Stille spricht)

5. Meditation

Teil II

Du hast vielleicht noch gar nicht bemerkt, dass es in deinem Leben bereits spontan und ganz von selbst kurze Zeiten »gedankenfreier Bewusstheit« gibt. Unter Umständen bist du, während du gerade einer Tätigkeit nachgehst, so absolut präsent, dass der normale mentale Druck zu denken abnimmt und durch eine bewusste Gegenwärtigkeit ersetzt wird. Vielleicht betrachtest du auch den Himmel oder hörst jemandem zu, ohne im Geiste einen Kommentar dazu abzugeben. Ungetrübt von Gedanken, ist deine Wahrnehmung kristallklar.
Für den Geist ist das alles unerheblich, denn er hat »Wichtigeres« zu bedenken. Außerdem prägt es sich nicht ein, und deshalb hast du wahrscheinlich auch übersehen, dass es bereits geschieht.
In Wahrheit ist es das Allerwichtigste, was dir je widerfahren kann. Es ist der Beginn eines Wechsels vom Denken hin zu bewusster Gegenwärtigkeit.   Eckhart Tolle (Stille spricht)

1. Meditation – Gehen

I,18 Das Loslassen jeglicher Objekte als Hilfsmittel führt zur Erfahrung der Stille.   Patanjali

2. Meditation – Gehen

II,47 Wenn tiefe Entspannung erreicht ist und jegliche Gedankentätigkeit aufhört, erfährt das Bewusstsein Grenzenlosigkeit.   Patanjali

3. Meditation - Gehen

Wenn der Mensch sich während eines genügend langen Zeitraums nicht mehr mit seinen Gedanken und Wahrnehmungen identifiziert, ohne dabei in einen leeren oder bewusstlosen Zustand zu verfallen, erkennt er durch seine unverfälschte reine Intuition sein wahres SELBST. Deshalb kann er nur durch die absolute Ruhe tiefer Meditation das Egobewusstsein überwinden. Yogananda

4. Meditation - Gehen

Die Stille ist dein wahres Wesen. Was ist Stille? Stille ist der innere Raum oder das Gewahrsein, in dem zum Beispiel Worte wahrgenommen und zu Gedanken werden. Ohne dieses Gewahrsein gäbe es keine Wahrnehmung, keine Gedanken, keine Welt;
Du bist dieses Gewahrsein in der Verkleidung einer Person. Eckhart Tolle (Stille spricht)

5. Meditation

III Abschluss

Warum solltest du irgendetwas tun müssen, um aufzuwachen, wenn deine Göttliche Natur bereits wach ist? In dem Traum, den du träumst, nimmst du dein Menschsein wichtig. Dein einziges wirkliches Problem ist, dass du dein Menschsein wichtig nimmst. Bewusstsein muss nichts tun. Absolute Realität ist Absolute Realität - einfach so wie sie ist.
Warum nicht jetzt aufwachen? Worauf wartest du? Entschließe dich dazu, genau jetzt aufzuwachen und erlaube deinem Verstand, in dein Herz, in das Reine Gewahrsein einzugehen. Tue es! Einige von euch fragen immer noch, wie man das macht. Durch Stille. Robert Adams

1. Meditation – Gehen

Stille ist eine weitere Art, Gott zu erfahren. In menschlichen Angelegenheiten ist derjenige, der in jeder Situation innerlich still zu bleiben vermag, unbesiegbar. Paramahansa Yogananda

2. Meditation – Gehen

M: Solange der Mensch in seinem Selbst verbleibt, herrscht Glückseligkeit. Doch in seiner Unwissenheit kann er es einfach nicht fassen, daß bloßes Stillesein diese Glückseligkeit in sich birgt. Hier gibt es nur eins: Er muß den finden, dem diese Zweifel kommen.
Fr: Und wie kann man den Gedanken ein Ende setzen?
M: Finden Sie ihren Ausgangspunkt. Alle Gedanken sind an dem einen <ich>-Gedanken aufgereiht. Bezwingen Sie diesen, und alle anderen sind auch bezwungen.
Außer dem ist alle Kenntnis nutzlos, außer der Kenntnis des Selbst. Wenn das Selbst erkannt ist, erkennt man alles andere. Daher ist die Verwirklichung des Selbst die erste und einzige Pflicht des Menschen.
Fr: Wie bezwingt man den <ich>-Gedanken?

M: Wenn seine Quelle gefunden wird, taucht er nicht auf und ist damit überwunden.
Fr: Wo und wie findet man diese?
M: Es ist das Bewußtsein, das die Individuen befähigt, auf unterschiedliche Weise zu funktionieren. Das Selbst ist Reines Bewußtsein.
Alles, was zur Verwirklichung des Selbst erforderlich ist, ist die Befolgung der Aufforderung <Sei still>.   Ramana Maharshi

3. Meditation – Gehen

Die äußere Stille ist zwar hilfreich, aber nicht erforderlich, um innere Stille zu finden. Selbst wenn Lärm da ist, kannst du der Stille hinter dem Lärm gewahr werden, des Raums, in dem der Lärm entsteht. Das ist der innere Raum reiner Bewusstheit, es ist das Bewusstsein selbst.
Du kannst des Bewusstseins als Hintergrund aller Sinneswahrnehmungen, alles Denkens gewahr werden. Beim Gewahrwerden des Bewusstseins entsteht innere Stille.   Eckhart Tolle (Stille spricht)

4. Meditation – Gehen

Wenn du die Berührung mit der inneren Stille verlierst, verlierst du den Kontakt mit dir selbst. Wenn du den Kontakt mit dir selbst verlierst, verlierst du dich in der Welt.
Das innerste Selbstgefühl, das Gefühl dessen, der du bist, ist untrennbar mit Stille verbunden. Das ist das »Ich bin«, das tiefer ist als Namen und Formen.   Eckhart Tolle (Stille spricht)

5. Meditation

8-Dankbarkeit

Danke Gott für eine neue Gelegenheit,
Mein Höchstes Selbst zu sein.
(N. D. Walsch)

Teil I

Leiden ist die Reaktion *des Geistes auf Traurigkeit oder Schmerz. Wenn du leidest, während du Traurigkeit oder Schmerz erfährst, hast du zuvor die klare Entscheidung getroffen, dass du jetzt keine Traurigkeit oder keinen Schmerz erleben* solltest. *Diese Entscheidung, nicht die Empfindung von Traurigkeit oder Schmerz an sich, ist die Ursache für dein Leiden.*

Wenn du diesen Wandel im Hinblick auf deine sämtlichen Lebenserfahrungen *vollziehst, schaltest du damit vom Leiden auf Freude um. Von da an kann dich* nichts *mehr in einer Weise berühren, dass du leidest.*

Es stellt sich also die Frage: Wie kannst du in deinem gesamten Leben diesen Wandel herbeiführen? Wie kannst du Leiden in Freude verwandeln und Kampf in Frieden?

Durch alle Zeiten haben die Mystiker und Meister uns versichert, dass dies möglich ist. Es gibt einen Weg, wie wir Kampf und Leiden beenden und die Heilige Reise dennoch fortsetzen können.

Das Leben hat uns zu diesem Zweck mit einem sehr machtvollen Werkzeug ausgestattet. Doch eine Warnung vorab: Wenn du zum ersten Mal hörst, um was es sich handelt, mag dir das viel zu einfach erscheinen.

Täusche dich nicht.

Dieses Werkzeug kann alles verändern.

Und was ist es?

Dankbarkeit.

Dankbarkeit ist nicht einfach ein Gefühl, es ist eine Entscheidung.

Diese Entscheidung ist so machtvoll, dass sie zu einer Definition und Erklärung wird. Du definierst und erklärst damit, wie du dein Hier und Jetzt erlebst - und demnach deine Realität.

Dankbarkeit kann eine simple Reaktion sein oder sie kann eine großartige Schöpfung sein. Eine simple Reaktion ist sie, wenn dein Geist sich im Automatik-Modus befindet. Eine großartige Schöpfung ist sie, wenn dein Geist sich mit deiner Seele verbunden hat und beide eine gemeinsame Entscheidung über den gegenwärtigen Augenblick treffen.

In jedem Augenblick deines Lebens handelt es sich stets um die gleiche Entscheidung: ob du reagierst oder schöpferisch agierst. *Reaktion oder Schöpfung.*

Obwohl Dankbarkeit eines der mächtigsten Werkzeuge ist, die deinem Geist zur Verfügung stehen, wird von ihr nur wenig Gebrauch gemacht. Zweifellos ist das darauf zurückzuführen, dass die meisten Menschen sich nicht bewusst sind, wie wirkungsvoll man mithilfe der Dankbarkeit jenen Gedanken umkehren kann, der die Wurzel allen Leidens ist.

Wie schon erwähnt, ist die Ursache für das Leiden die Vorstellung, dass etwas geschieht, was nicht geschehen sollte. *Die Dankbarkeit setzt eine Energie frei, durch die diese Vorstellung auf den Kopf gestellt wird.*
Neale Donald Walsch (Was wirklich wichtig ist)

1. Meditation - Gehen

Besser als Begehren und Ablehnung ist es, mehr Bewusstsein für all das zu entwickeln, was uns das Leben täglich schenkt, und dafür dankbar zu sein. Dankbarkeit öffnet die Augen für die Fülle und

2. Meditation – Gehen

Beginne den Tag mit Dankbarkeit. Erkenne, dass du überaus gesegnet bist und dass Mein Segen ständig über dich ausgeschüttet wird. Wenn du dankbar bist und all das Gute im Leben schätzt, fließt die Liebe frei in dir und durch dich.   Eileen Caddy

3. Meditation – Gehen

Wenn deine Vergebung vollständig ist, wird deine Dankbarkeit total sein.   Ein Kurs in Wundern

4. Meditation – Gehen

Sag Dank für alles, was du hast, für alles, was du bekommst, und für alles, was du bekommen wirst. Höre überhaupt nie auf zu danken, den das ist eine positive Einstellung dem Leben gegenüber, und gerade durch Dankbarkeit ziehst du das Allerbeste an. Sie hilft, dein Herz und deinen Geist offen zu halten.   Eileen Caddy

5. Meditation

Teil II

Wie du eine Situation erlebst, hängt entscheidend davon ab, was dein Geist über sie denkt - und Dankbarkeit kann dich veranlassen, dieses Denken zu verändern.

Jedoch ist Dankbarkeit kein Werkzeug, um den Geist zu täuschen, sondern ein Werkzeug, um ihn zu öffnen. Sie erweitert dein normales begrenztes Denken und macht dich aufnahmefähig für eine scheinbar deiner Intuition widersprechende Wahrheit: dass nämlich etwas, das »schlecht« zu sein scheint, in Wirklichkeit sogar gut für dich ist.

Dieser Wahrheit liegt eine noch tiefere zugrunde: Nichts, was je geschieht, ist »schlecht« für dich, denn sonst würde es gar nicht geschehen. Das Leben ist gar nicht fähig, Ereignisse oder Zustände hervorzubringen, die dich nicht zur nächsten Stufe deiner Evolution tragen und dabei auf die höchste dir gerade mögliche Weise Göttlichkeit zum Ausdruck bringen.

Da der Grund für dein Hiersein darin besteht, Göttlichkeit auszudrücken, kannst du dich darauf verlassen, dass alles, mit dem das Leben dich konfrontiert, dieser Göttlichen Absicht und Bestimmung dient. (Mit anderen Worten, deiner Absicht und Bestimmung.)

Also sagen wir: Danke, Gott. Wir danken für die Gelegenheit, eine alte Verletzung zu heilen, eine alte Wunde zu schließen, ein altes Muster zu verändern, eine alte Realität zu verwandeln, uns von einer alten Geschichte zu lösen, eine alte Idee zu verändern und eine neue Erfahrung des Selbst und des Lebens zu erschaffen.

Und das ist das große Geheimnis des Lebens. Das größte Geheimnis ist nicht das Gesetz der Anziehung, sondern das Gesetz des Widerrufs.

Kraft dieses Gesetzes kannst du alte Entscheidungen widerrufen und neue, andere treffen, und zwar

in jedem Augenblick. Das ist es, worum es beim Prozess der Schöpfung wirklich geht.
Wenn du deine Reaktionen auf die momentanen Ereignisse in deinem Leben bewusst beobachtest und sofort widerrufst, *was du bei ähnlichen Ereignissen* in deiner Vergangenheit *entschieden hast, verleihst du dir selbst damit eine unvorstellbare Macht - einschließlich der Macht, Kampf und Leiden für alle Zeiten zu beenden.*
Die Dankbarkeit verleiht dir diese Macht. Dankbarkeit ermöglicht dir einen Neuanfang. Das ist, als würdest du neugeboren, und es fände ein »Reset« deines Geistes statt. Alle früheren negativen Werturteile, die du über Menschen, Ereignisse und Umstände gefällt hast, werden gewissermaßen von der Tafel gewischt. Neale Donald Walsch (Was wirklich wichtig ist)

1. Meditation – Gehen

Schöpfe aus dem grenzenlosen Quell der Kraft und Stärke in deinem Innern. Alles kann geschehen, denn Meine Gesetze sind der Schlüssel, der alle Türen öffnet und alle Dinge möglich macht. Erkenne sie als Meine Gesetze und versäume nie, ewig Dank dafür zu sagen, und setze sie zu Meiner Ehre und zu Meinem Ruhm und zum Nutzen des Ganzen ein. Eileen Caddy

2. Meditation – Gehen

Heute lernen wir, an Dankbarkeit zu denken statt an Ärger und Bosheit. Wenn wir meinen, ohne Unterlaß gepeinigt und herumgestoßen zu werden, ersetzt Dankbarkeit diese wahnsinnigen Vorstellungen. Ein Kurs in Wundern

3. Meditation - Gehen

Bete um Gottes Gegenwart, spüre sie in all deinem Tun; sei dankbar für Seine Gnade. Gottes Macht kannst du nur anrufen, indem du dich Ihm hingibst. Mata Amritanandamayi

4. Meditation - Gehen

Wenn es nur einmal so ganz stille wäre.
Wenn das Zufällige und Ungefähre
verstummte und das nachbarliche Lachen,
wenn das Geräusch, das meine Sinne machen,
mich nicht so sehr verhinderte am Wachen-:

Dann könnte ich in einem tausendfachen
Gedanken bis an deinen Rand dich denken
und dich besitzen (nur ein Lächeln lang),
um dich an alles Leben zu verschenken
wie einen Dank.

Rainer Maria Rilke

III Abschluss

Was könnte dich veranlassen, dich angesichts von Ereignissen oder Zuständen für Dankbarkeit zu entscheiden, die du normalerweise verdammen und nicht loben würdest? Wie kannst du also die Macht der Dankbarkeit praktisch anwenden?
Beachte hierbei bitte die Formulierung, die wir in der Frage benutzt haben: »Was könnte dich veranlassen, dich für Dankbarkeit zu entscheiden . . .?«
Emotionen werden nicht durch Erfahrungen erzeugt, sondern sie erzeugen deine Erfahrungen. Die meisten Menschen erkennen das nicht.
Auch ist den meisten Menschen nicht bewusst, dass sie selbst ihre Emotionen aktiv auswählen. Vielleicht sind sie der Meinung, dass sie ihre Emotionen kontrollieren *können, indem sie die Emotion, die sich als erste Reaktion auf ein Erlebnis einstellt, durch eine andere ersetzen. Aber sie sind nicht der Ansicht, dass sie ihre erste, scheinbar spontane Reaktion frei wählen können. Sie sagen, dass die Emotionen einfach in ihnen hochsteigen. Eine Emotion* überkommt *sie. Unangekündigt. Ungebeten. Manchmal sogar unerwartet.*
Die Menschen denken von sich, sie hätten einfach *eine emotionale Reaktion. Oft sagen sie, ihre Gefühle hätten sie* überwältigt. *In Wahrheit wählen wir alle unsere Emotionen selbst - auch die ersten. Der Geist* entscheidet, *sich auf eine bestimmte Weise zu fühlen. Emotionen sind ein Willensakt.*
Diese Wahrheit zu akzeptieren fällt nicht leicht. Wenn du sie akzeptierst, bist du plötzlich für alles verantwortlich: dafür, wie du dich fühlst, wie du dich als Resultat dieses Gefühls anderen gegenüber verhältst und wie du sämtliche Ereignisse in deinem Leben wahrnimmst und erfährst. Kein Wunder, dass die Leute, wenn sie das hören, häufig nach einer Ausrede suchen.
Eines müssen wir allerdings zugeben: Diese Entscheidung erfolgt so schnell, dass es so wirken kann, als hättest du überhaupt keine Kontrolle über deine Emotionen. Jedenfalls nicht über deine anfängliche Reaktion auf ein Erlebnis.
Weil dies blitzschnell *geschieht, ist es von entscheidender Bedeutung, dass wir* im Voraus *wissen, warum wir eine Emotion einer anderen vorziehen, also noch ehe wir mit einer »emotionalen Situation« konfrontiert werden.*
Du hast bereits gelernt, dass es dein Gedanke ist. Doch was erzeugt *den Gedanken, der dann eine Emotion erzeugt? Woher kommen die Gedanken?*
Wenn du das begriffen hast, bist du der Möglichkeit, dein Denken zu verändern, *einen großen Schritt näher gekommen. Und wenn du dein Denken bezüglich einer Situation verändern kannst, kannst du auch eine andere Emotion erzeugen - die dann die Art und Weise verändert, wie du diese Situation erlebst.*
Das Ganze funktioniert also folgendermaßen: In dem Moment, in dem dein Geist in deiner Außenwelt etwas wahrnimmt - wozu er sein Wahrnehmungsinstrument benutzt, nämlich deinen Körper -, sammelt er die empfangenen Daten und durchsucht sein Gedächtnis nach ähnlichen Daten. Dann vergleicht er das, was momentan geschieht, mit dem, was in seinem Gedächtnis über frühere ähnliche Ereignisse aufgezeichnet ist.
Aus diesen kombinierten Daten formt er deine jetzige Wahrheit bezüglich des Ereignisses, das gerade in deiner Außenwelt stattfindet.
Diese momentane Wahrheit wird sich überwiegend aus der Vergangenheit *speisen und nur zu einem sehr geringen Teil aus dem, was gerade in der* Gegenwart *geschieht. Der Grund dafür ist, dass das, was gerade im gegenwärtigen Augenblick geschieht, nur wenige Daten umfasst, während über die Vielzahl ähnlicher früherer Ereignisse riesige Datenmengen im Gedächtnis gespeichert sind. Das »Jetzt« wird einfach vom »Damals« überwältigt. Das Heute vermischt sich intensiv mit dem*

Gestern.

Die Wahrheit, die dein Geist auf diese Weise erschafft, bringt die Gedanken hervor, die du über das gegenwärtige Geschehen denkst.

Dabei kann es sich entweder um eine imaginierte Wahrheit, eine scheinbare Wahrheit oder die tatsächliche Wahrheit handeln. Das hängt von der Qualität der Daten ab, die der Geist abgerufen hat.

Dein Gedanke wird rasch eine Emotion erzeugen, und diese Emotion wird sehr schnell deine Erfahrung hervorbringen. All das geschieht im Millionstel einer Sekunde. Die Erfahrung, zu der du auf diese Weise gelangst, wirst du dann »Realität« nennen.

Auf diese Weise »erschaffst du deine eigene Realität«.

Nun denke einmal darüber nach: Wenn du (mithilfe des Gesetzes des Widerrufs *und durch die Anwendung des Werkzeugs* Dankbarkeit*) im Voraus die Daten deines Geistes über* deine gesamte Vergangenheit *veränderst, könntest du von einem Augenblick zum nächsten der Meisterschaft ein gewaltiges Stück näher kommen - denn du empfindest dann Dankbarkeit, sowohl bezüglich deiner Erinnerungen an belastende frühere Ereignisse als auch bezüglich einer schwierigen gegenwärtigen Situation, die du rasch ändern möchtest. Und Dankbarkeit ist* transformativ.

So rasch der Geist auch arbeiten mag, er arbeitet immer nur mit den von ihm gespeicherten Daten. Computerprogrammierer sind mit diesem Konzept bestens vertraut: GIGO (Kürzel für »garbage in/ garbage out«). Damit ist gemeint, dass ein Computer, der fehlerhafte Daten gespeichert hat, mit größter Wahrscheinlichkeit auch fehlerhafte Ergebnisse produzieren wird.

Wenn du also im schier unendlich großen Speicher deines Geistes »Datenmüll« abgespeichert hast (über das Leben, über Gott, über eine früher gemachte Erfahrung), wird dieser Datenmüll zum Vorschein kommen, sobald in der Gegenwart etwas eintritt, was dieser früheren Erfahrung auch nur annähernd ähnelt. Hast du hingegen Dankbarkeit gespeichert, dann wird bei jeder neuen Erfahrung Dankbarkeit zum Vorschein kommen. Dein Geist reproduziert immer das, was du zuvor in ihm gespeichert hast.

Anders ausgedrückt: Wenn du bezüglich all deiner bisherigen Erlebnisse in Dankbarkeit lebst, *dann wird auch bei jedem zukünftigen Erlebnis Dankbarkeit in dir aufsteigen* - ganz gleich, um was für ein Erlebnis es sich handelt.

Gib dich nicht damit zufrieden, einfach nur über dieses wunderbare Transformationswerkzeug namens Dankbarkeit Bescheid zu wissen. Triff eine klare, feste Entscheidung, *dieses Werkzeug konsequent anzuwenden. Dann wirst du erleben, wie die Energie, die du bezüglich unwillkommener Ereignisse, vergangen oder gegenwärtig, in dir trägst, transformiert werden kann, und zwar augenblicklich.*

Sobald ein sogenanntes »negatives« Ereignis eintritt oder du dich an ein solches erinnerst, sage einfach: Danke, Gott. *Entscheide dann sofort, wofür du Gott dankst.*

Sage: »Danke, Gott, dafür, dass du mir diese Gelegenheit schenkst, mein Denken zu heilen bezüglich . . . « Oder: »... diese alte Geschichte zu ändern.« Oder: » ... mich von der Angst zu befreien, dass . . . « - oder wie immer du diese zuverlässige Wiederholung einer Emotion sonst nutzen möchtest.

Entscheide dann auf der Stelle, Wer Du Bist und Wer Du Zu Sein Beschließt im Hinblick auf das Ereignis oder die Situation, mit dem oder der du gerade konfrontiert bist. Neale Donald Walsch

1. Meditation – Gehen

Dankbarkeit macht uns empfänglich für die Liebe Gottes, die viele Ausdrucksformen hat. Wenn Er weiß, daß Er den ersten Platz in unserem Leben einnimmt, wird er uns mit seiner ewig währenden, alles erfüllenden Liebe überfluten.

Daya Mata

2. Meditation – Gehen

Liebe und Dankbarkeit sind eins.   Helge Fritsch

3. Meditation – Gehen

Der Pfad der Seele beinhaltet kein Leid und erfordert es nicht. Deinen Kampf beendest du, indem du auf dem Pfad bleibst. Die Dankbarkeit bringt dich dorthin zurück. Sie beschleunigt deine Evolution. Sie ist der schnelle Weg. Neale Donald Walsch

4. Meditation – Gehen

Nichts wird dich schneller mit dem Gefühlszustand *in Kontakt bringen, in dem die Seele lebt, wie die Dankbarkeit.*
Aber es gibt ein magisches Hilfsmittel, von dem noch nicht die Rede war. Es wird dir dazu verhelfen, die Erfahrungen, zu denen die anderen Werkzeuge dich hinführen, dauerhaft *zu erleben.*
Dieses letzte Werkzeug heißt:
MEDITATION Neale Donald Walsch

5. Meditation

9-Himmel

Trachtet zuerst nach dem Reich Gottes Gottes und nach seiner Gerechtigkeit, so wird euch das alles dazugegeben (Matthäus 6)

Teil I

Zuerst das Reich Gottes suchen - so lautet die wichtigste Botschaft Jesu für jeden Einzelnen und für die Nationen der Welt, denn darin liegt der sicherste Weg zu dauerhaftem individuellem, gesellschaftlichem und nationalem Glück. Vergänglicher materieller Besitz schließt die Unsterblichkeit und die immerwährende Glückseligkeit von Gottes Reich nicht ein, aber Sein unvergängliches Reich umfasst alles Gute dieser Welt. Gott zu besitzen bedeutet, dass einem das Universum gehört. Zieht man am Ohr, kommt der ganze Kopf mit. Zieht ein Mensch durch Hingabe Gott in sein Leben, werden ihm ganz von selbst die ewigen Güter dazugegeben: Unsterblichkeit, Weisheit und immer neuer Segen.
Ähnlich verkündet der Herr in der Bhagavad-Gita: »Wer über Mich meditiert und Mich für sein Eigen erklärt, wer sich durch unaufhörliche Anbetung mit Mir vereint, dessen Mängel behebe Ich und dessen Verdienste mache Ich dauerhaft. «   Yogananda

1. Meditation - Gehen

Alle unsere Vollkommenheit und Seligkeit hängt daran, dass der Mensch hinausschreite über alles Geschaffene und alle Zeitlichkeit und eingehe in den Grund, der grundlos ist.   Meister Eckhart

2. Meditation – Gehen

Selig sind, die reinen Herzens sind; denn sie werden Gott schauen.   Matthäus 5

3. Meditation – Gehen

Die Wahrheit (=der Himmel) ist. Sie ist dort, wo immer du auch bist, da sie in dir ist. Die Wahrheit wird dir durch dein Verlangen wiedergegeben, so wie sie durch dein Verlangen nach etwas anderem für dich verloren war.   Ein Kurs in Wundern

4. Meditation – Gehen

Im Zustand hingebungsvoller Verinnerlichung erlebt der Meditierende wahre Vereinigung mit Gott, in der Wahrnehmung seiner Gegenwart als Licht, Weisheit, Liebe und Glückseligkeit.   Yogananda

5. Meditation

Teil II

*Da er aber gefragt ward von den Pharisäern: Wann kommt das Reich Gottes?, antwortete er ihnen und sprach: Das Reich Gottes kommt nicht so, dass man es beobachten könnte; man wird auch nicht sagen: Siehe hier! oder: da ist es! Denn sehet, das Reich Gottes ist inwendig in euch.*Lukas 17
Jesus wendet sich hier an den Menschen als an denjenigen, der ewig nach dauerhaftem Glück und nach Freiheit von allem Leiden sucht: »Das Reich Gottes - das Reich des ewigen, unveränderlichen, stets neuen glückseligen Kosmischen Bewusstseins - ist in euch. Erkennt eure Seele als Widerspiegelung des unsterblichen GEISTES, und ihr werdet feststellen, dass euer SELBST das unendliche Reich göttlicher Liebe, göttlicher Weisheit und göttlicher Glückseligkeit umfasst, das in jedem Partikel der von Schwingungen erfüllten Schöpfung und im schwingungslosen Transzendenten Absoluten vorhanden ist.«
Die Lehren Jesu, die sich auf das Reich Gottes beziehen - manchmal in einfacher Sprache formuliert, manchmal in metaphysisch bedeutungsvollen Gleichnissen -, können als Kern seiner gesamten Botschaft betrachtet werden. In den Evangelien steht geschrieben, dass Jesus schon ganz zu Beginn seines öffentlichen Wirkens »nach Galiläa kam, um die frohe Botschaft vom Reich Gottes zu verkünden«. Seine Ermahnung, »zuerst nach dem Reich Gottes zu trachten«, stellt das Herzstück seiner Bergpredigt dar. Das einzige Gebet, von dem wir wissen, dass Jesus es seine Jünger lehrte, ist die eindringliche Bitte an Gott: »Dein Reich komme.« Immer wieder sprach er vom Reich des Himmlischen Vaters und über die Art und Weise, wie man es erlangen kann. Yogananda

1. Meditation – Gehen

Er ist das Licht aller Lichter, jenseits der Dunkelheit; als höchstes Wissen, als das, was es zu erkennen gilt, als Ziel allen Lernens, wohnt er in allen Herzen. Bhagavad Gita, XIII

2. Meditation – Gehen

Das göttliche Gut ist nicht außerhalb von uns, sondern es ist in jedem von uns verborgen, verdeckt von den menschlichen Leidenschaften. Wenn die Seele erkennt, dass sie Gottes Ebenbild ist, und zu ihrer eigenen Natur zurückkehrt, schaut sie ihren ursprüngliche Zustand, Gott. Gregor von Nyssa

3. Meditation - Gehen

Verlass die sinnliche Wahrnehmung und das Denken und strebe zum Geeintwerden. Erst wenn du dich von allem entäußert hast, wirst du dich in reinster Ekstase zu jenem Strahl erheben können, der aus der Gottheit kommt. Dionysios

4. Meditation - Gehen

Wenn der Mensch sich abkehrt von zeitlichen Dingen und sich in sich selbst kehrt, so gewahrt er dort ein himmlisches Licht. Meister Eckhart

III Abschluss

Da du getrennt zu sein glaubst, stellt sich dir auch der HIMMEL als getrennt dar. Nicht, weil er es in Wahrheit so wäre, sondern damit das Bindeglied, das dir gegeben wurde, um dich der Wahrheit anzuschließen, dich durch das erreichen möge, was du verstehst. .. Es (das EINSSEIN) muß sich jedoch der Sprache bedienen, die dieser Geist in dem Zustand verstehen kann, in welchem er zu sein glaubt (dem dualistischen Zustand der Trennung). Und ES muß alles Lernen dazu nutzen, alle falschen Ideen dessen, was du zu sein glaubst, als Illusion zu entlarven und dich jenseits von ihnen zur Wahrheit zu führen.
Einssein ist einfach die Idee: GOTT ist. Und in SEINEM SEIN umfaßt ER alle Dinge. Kein Geist birgt irgend etwas außer IHM. Wir sagen: »GOTT ist«, und dann hören wir auf zu sprechen, denn in dieser Erkenntnis sind Worte bedeutungslos. Da sind keine Lippen, sie zu sprechen, und kein Teil des Geistes, der sich genügend unterscheiden würde, um zu verspüren, daß ihm jetzt etwas bewußt ist, was nicht er selber ist. Er hat sich vereint mit seiner QUELLE. Und wie die QUELLE SELBST, so ist er einfach.

Ein Kurs in Wundern

1. Meditation – Gehen

Denn mir wird in diesem Durchbrechen zuteil, dass ich und Gott eins sind. Da bin ich, was ich war, und da nehme ich weder ab noch zu, denn ich bin eine unbewegte Ursache, die alle Dinge bewegt.

Meister Eckhart

2. Meditation – Gehen

Diejenigen, denen es gelingt, das Reich Gottes zu erlangen und Seine »Gerechtigkeit« zum Ausdruck zu bringen, werden ewig neue Glückseligkeit erleben und ihre Unsterblichkeit verwirklichen - nicht nur diesem Leben, sondern in alle Ewigkeit.

Yogananda

3. Meditation – Gehen

Der Mensch macht sich Tausende von Heimen, doch keines stellt seinen ruhelosen Geist zufrieden. Er versteht nicht, dass er vergeblich baut. Es gibt keinen Ersatz für den Himmel.

Ein Kurs in Wundern

4. Meditation – Gehen

Logion 77
Jesus sprach:

Ich bin das Licht, das alle Menschen erleuchtet.
Ich bin das GANZE.
Das GANZE ist aus mir hervorgegangen und das GANZE ist mir zugekommen.
Spaltet Holz, ich bin da.
Hebt einen Stein auf,
ihr werdet mich dort finden.

Thomas Evangelium

5. Meditation
_____

10-Amritabindu

Amritabindu-Upanischad

Teil I

Der Geist, kann man sagen, ist von zweierlei Art: rein und unrein. Getrieben von den Sinnen, wird er unrein; sind die Sinne aber unter Kontrolle, so wird der Geist rein. Der Geist ist es, der uns befreit oder versklavt. Getrieben von den Sinnen geraten wir in Gebundenheit. Die Sinne beherrschend werden wir frei. Die nach Freiheit Strebenden müssen Herr über ihre Sinne sein. Wenn der Geist von den Sinnen losgelöst ist, erreicht man den Gipfel des Bewusstseins. Geistesbeherrschung führt zur Weisheit. Übe Meditation. Beende alles unnütze Gerede. Der höchste Zustand ist für die Gedanken unerreichbar, er liegt jenseits aller Dualität. Wiederhole ständig das uralte Mantra OM, bis es in deinem Herzen widerhallt. Brahman ist unteilbar und rein; realisiere Brahman und gehe so über alle Veränderung hinaus. Es ist immanent und transzendent.

1. Meditation - Gehen

Die nach Freiheit Strebenden müssen Herr über ihre Sinne sein.

2. Meditation – Gehen

Übe Meditation. Beende alles unnütze Gerede.

3. Meditation – Gehen

Der höchste Zustand ist für die Gedanken unerreichbar, er liegt jenseits aller Dualität.

4. Meditation – Gehen

Realisiere Brahman und gehe so über alle Veränderung hinaus.

5. Meditation

Teil II

Indem sie es realisieren, gewinnen die Weisen die Freiheit und erklären, dass der Geist aller ungesondert eins ist. Sie realisieren damit nur, was sie immer schon sind. Wachend, schlafend, träumend ist das Selbst eines. Transzendiere diese drei Zustände und gehe so über die Wiedergeburt hinaus. Es gibt nur ein einziges Selbst in allen Kreaturen. Das Eine ist dem Anschein nach viele, geradeso wie der im Wasser gespiegelte Mond dem Anschein nach viele ist. Das Selbst scheint seinen Standort zu verändern, tut dies aber nicht, geradeso wie die Luft in einem Krug sich nicht verändert, wenn der Krug umherbewegt wird. Wenn der Krug zerbrochen wird, merkt die Luft es nicht. Das Selbst hingegen merkt es genau, wenn der Körper abgelegt wird. Wir sehen das durch Maya verborgene Selbst nicht; wenn der Schleier fällt, sehen wir, dass wir das Selbst sind. Das Mantra ist das Symbol des Brahman; sein wiederholtes Sprechen kann dem Geist Frieden bringen.

1. Meditation – Gehen

Es gibt nur ein einziges Selbst in allen Kreaturen.

2. Meditation – Gehen

Das Eine ist dem Anschein nach viele, geradeso wie der im Wasser gespiegelte Mond dem Anschein nach viele ist.

3. Meditation - Gehen

Wir sehen das durch Maya verborgene Selbst nicht.

4. Meditation - Gehen

Wenn der Schleier fällt, sehen wir, dass wir das Selbst sind.

5. Meditation

III Abschluss

Es gibt zweierlei Wissen: niederes und höheres. Realisiere das Selbst, denn alles Übrige ist niedere Erkenntnis. Die Realisierung ist der Reis; alles Übrige ist die Spreu. Die Milch von Kühen jedweder Farbe ist weiß. Die Weisen sagen, dass die Weisheit die Milch ist und die geheiligten Schriften die Kühe sind. Wie die Butter drinnen in der Milch verborgen liegt, ist das Selbst in den Herzen aller Wesen verborgen. Quirle butternd den Geist durch die Meditation darüber. Entzünde dein Feuer durch die Meditation darüber: das Selbst, ganz Ganzes, ganz Frieden, ganz Gewissheit. »Ich habe das Selbst realisiert«, erklärt der Weise, »das in allen Wesen gegenwärtig ist. Ich bin vereinigt mit dem Herrn der Liebe; ich bin vereinigt mit dem Herrn der Liebe.«

1. Meditation – Gehen

Realisiere das Selbst, denn alles Übrige ist niedere Erkenntnis.

2. Meditation – Gehen

Die Realisierung ist der Reis; alles Übrige ist die Spreu.

3. Meditation – Gehen

Entzünde dein Feuer durch die Meditation darüber: das Selbst, ganz Ganzes, ganz Frieden, ganz Gewissheit.

4. Meditation – Gehen

Ich bin vereinigt mit dem Herrn der Liebe.

5. Meditation

Thomas Evangelium
Logion 22

Jesus sprach zu ihnen:
»Wenn ihr die zwei zu EINS macht,
und wenn ihr das Innere wie das Äußere macht
und das Äußere wie das Innere
und das Obere wie das Untere,
und wenn ihr das Männliche und das Weibliche
zu einem EINZIGEM macht,
so dass das Männliche nicht mehr männlich
und das Weibliche nicht mehr weiblich ist,
dann werdet ihr in das KÖNIGREICH eingehen. «

Teil I

In dem Logion verweist Jesus auch auf die Unschuld der Kinder. Ein Rückfall in kindliches Verhalten ist nicht der Weg, sondern eine zweite, geistige Geburt mit Transzendieren der egozentrischen Sicht- und Verhaltensweisen und Erfahren der Einheit (Sein, Quelle, Gottheit, Brahman, Tao). Voraussetzung ist eine Entleerung des Geistes von eingefahrenen Mustern. Die Unschuld des Weisen bedeutet das Ende von Kategorien und Bewertungen. Natürlich kann er Rot und Grün unterscheiden, doch für ihn ist alles Ausdruck des EINEN.　　　　　　Albert Tigges

1. Meditation - Gehen

Der erkennt Gott wirklich, der ihn in allen Dingen gleich gegenwärtig erkennt.　　Meister Eckhart

2. Meditation – Gehen

Bei dem Yogi jedoch, der im transzendenten Bewusstsein gefestigt ist, verschwinden alle egoistischen Wünsche und damit endet sein Zustand als begrenztes, empirisches Individuum, das an den subtilen und grobstofflichen Körper gebunden ist, und er erfährt nun reines Bewusstsein.
　　　　　　　　　　　　　　　　　　　　　　　　　　　　　　Jaideva Singh

3. Meditation – Gehen

Welche Verwirrung, welches Leid gibt es noch für den, der so die Einheit schaut.　　Isa Upanishad

4. Meditation – Gehen

Du musst dir letztendlich über diese gewaltige Lehre klar werden: Alle Geschöpfe sind zwar dem Anschein nach getrennt, aber wahrhaft nur eines; alle Wesen gehen von der Gottheit aus und sind in der Gottheit vereint. Wer dies wirklich erfasst, wird die Gottheit und erlangt dadurch Befreiung.

Bhagavad Gita

5. Meditation

Teil II

Da der Mensch sich mit dem Körper identifiziert, sieht er die Welt als getrennt von sich. Diese irrige Identifizierung findet statt, weil er aus seinem Urzustand herausgetreten ist. So wird ihm geraten, diese falschen Ideen aufzugeben, zu seiner Quelle zurückzufinden und als das Selbst zu verbleiben. In diesem Zustand gibt es keine Unterschiede mehr und auch keine Fragen. Der einzige Zweck aller heiligen Schriften ist es, den Menschen zu veranlassen, die eigene Spur zur ursprünglichen Quelle zurückzuverfolgen. Er braucht dazu nichts Neues zu erwerben. Er muss lediglich seine falschen Vorstellungen aufgeben. Statt dessen versucht er, etwas Fremdes und Geheimnisvolles zu erjagen, weil er glaubt, dass sein Glück sich anderswo finden lasse. Das ist der Fehler. Solange der Mensch in seinem Selbst verbleibt, herrscht Glückseligkeit. Doch in seiner Unwissenheit kann er es einfach nicht fassen, dass bloßes Stillesein diese Glückseligkeit in sich birgt.

Ramana Maharshi

1. Meditation – Gehen

Wisse schließlich, Arjuna, dass das Ziel darin besteht, sich nicht in die Welt zu verstricken, sondern die Welt zu gebrauchen, um zur Göttlichkeit zu gelangen. Gebrauche dein Auge der Weisheit, deine Intuitionsgabe dazu, zwischen dem Feld und dem Kenner zu unterscheiden. Dann kannst du dich wirklich vom Feld, von der Fesselung an das Weltliche, frei machen und zu mir, dem höchsten Ziel, gelangen.

Bhagavad Gita

2. Meditation – Gehen

Gegenstand der Suche ist das Reine Bewusstsein, wo die Einzelseele und die Absolute Wirklichkeit eine untrennbare Einheit sind. In dieser Hinsicht stimmen alle Upanishaden überein.

Shankara

3. Meditation - Gehen

Was ist Leben? Gottes Sein ist mein Leben. Ist mein Leben Gottes Sein, so muss, was Gott gehört, mein sein, und Gottes Wesenheit meine Wesenheit, nicht weniger und nicht mehr. Manche einfältigen Leute wähnen, sie sollten sich Gott vorstellen, als stünde er da und sie hier. Dem ist nicht so. Gott und ich, wir sind Eines. Durch das Erkennen nehme ich Gott in mich hinein, durch das Lieben gehe ich ein in Gott.

Meister Eckhart

4. Meditation - Gehen

Ferner als alles, näher als alles, innerhalb von allem, außerhalb von allem.   Isha Upanishad

5. Meditation

III Abschluss

Wo genau ist die Grenze, wo das Tal aufhört und der Berg anfängt? Dieses einfache Beispiel zeigt schon klar, dass unsere Einteilung in Gegensatzpaare Konstrukte sind. Und es leuchtet ein, dass es es Warm ohne Kalt nicht geben kann. Eine Gitarrensaite kann ruhig und still sein oder in Bewegung schwingen und dann laute oder leise, hohe oder tiefe Töne hervorbringen. Das Meer kann an der Oberfläche ruhig und glatt sein oder es bewegt sich mit dem Auf und Ab der Wellen. In beiden Zuständen ist es dasselbe. *„Wenn du die Gedanken, die dir durch den Kopf gehen, auch nur gelegentlich als bloße Gedanken erkennen kannst, wenn du Beobachter deiner eigenen mental-emotionalen Verhaltensmuster sein kannst, so wie sie auftreten, eröffnet sich dir diese Dimension bereits als das Gewahrsein, in dem Gedanken und Emotionen aufsteigen - als zeitloser innerer Raum, in dem sich dein Lebensinhalt entfaltet. Die äußere Stille ist zwar hilfreich, aber nicht erforderlich, um innere Stille zu finden. Selbst wenn Lärm da ist, kannst du der Stille hinter dem Lärm gewahr werden, des Raums, in dem der Lärm entsteht. Das ist der innere Raum reiner Bewusstheit, es ist das Bewusstsein selbst. Du kannst des Bewusstseins als Hintergrund aller Sinneswahrnehmungen, alles Denkens gewahr werden. Beim Gewahrwerden des Bewusstseins entsteht innere Stille. Wenn du die Berührung mit der inneren Stille verlierst, verlierst du den Kontakt mit dir selbst. Wenn du den Kontakt mit dir selbst verlierst, verlierst du dich in der Welt. Das innerste Selbstgefühl, das Gefühl dessen, der du bist, ist untrennbar mit Stille verbunden. Das ist das »Ich bin«, das tiefer ist als Namen und Formen."* Eckhart Tolle. Die dauerhafte Erfahrung dieses Christusbewusstseins wird als Erwachen erlebt und beschrieben.
Ziel ist also die Integration aller scheinbar gegensätzlichen dualen Aspekte: Inneres und Äußeres, Mann und Frau, Körper und Geist, Himmel und Erde, Nirvana und Samsara. Erst dann leben wir aus der leeren Fülle und sind ganz und heil, jenseits von Gut und Böse, Glück und Leid, Raum und Zeit. Das EINE, alles übersteigende, alles umfassende, alles durchdringende Bewusstsein wird Turiya oder auch Chistusbewusstsein oder Buddhanatur genannt. Meister Eckhart bezeichnet es als *„Ein Geschmack"*. *„Das wahre Selbst (der Atman) hat, wie ich schon sagte, weder Anfang noch Ende. Es übersteigt die Prakriti. Obwohl es im Feld (dem Körper) wohnt, handelt dieser Kenner des Feldes nicht. Daher bleibt er unberührt von den Früchten des Handelns und unbefleckt von gutem oder schlechtem Karma. Dieses wahre innere Selbst ist tatsächlich geheimnisvoll, Arjuna. Es ist subtiler als das Subtilste."* So erklärt Krishna es in der Bhagavad Gita. Eine Beschreibung des eigentlich nicht beschreibbaren Eigenschaftlosen ist Sat-Chid-Ananda: Bewusstes glückseliges Sein.   Albert Tigges

1. Meditation – Gehen

Der Weise hält den Trost der Philosophie für ebenso äußerlich wie den Trost der Religion und er weiß, dass beide nicht den Kern des Problems treffen, denn er hat erfahren, und nicht nur sich vorgestellt oder gedacht, dass es eine Ebene des Seins, der Wirklichkeit, des Selbst gibt, wo er jenseits aller Gegensatzpaare von Sicherheit-Unsicherheit, Leben-Tod usw. ist.   Henry Le Saux

2. Meditation – Gehen

Das Loslassen des Vielen ist die Voraussetzung für die Erfahrung des All-Einen. In der mystischen Tiefe wird etwas erfahren, was über alle bisher bekannten Maßstäbe hinausgeht. Da ist eine Intensität, die kein Gegenüber mehr kennt, sondern nur noch innige Einheit, unio mystica.

Gisela Zuniga

3. Meditation – Gehen

Die Reise zu GOTT ist lediglich das Wiedererwachen der Erkenntnis dessen, wo du immer und was du ewig bist.   Ein Kurs in Wundern

4. Meditation – Gehen

Ihr seid eine vollkommene Widerspiegelung des GEISTES und werdet es immer sein. Einst wart ihr GEIST, nun aber lebt ihr in der Vorstellung, ein sterbliches Wesen zu sein. Wenn ihr meditiert und immer gut handelt, um Gott Freude zu machen, werdet ihr euch jedoch eurer vergessenen Geistnatur erinnern und im göttlichen Bewusstseinszustand ewig neuer Glückseligkeit leben. Vergesst den Albdruck eurer jetzigen Begrenzungen. Wenn ihr euch des Unendlichen sicher seid, wenn ihr wisst, dass Gott euch beschützt, dann ruht ihr geborgen im Schoße der Unsterblichkeit - auch wenn die Natur euren Körper zerstört. So wie das Meer zur Welle und die Welle zum Meer wird, so ist es auch mit euch. Sagt euch immer:»Der GEIST ist zu meinem Ich geworden und ich bin GEIST.« Erwacht aus dem Traum menschlicher Unzulänglichkeit und erkennt, dass ihr eins mit Gott seid.   Paramahansa Yogananda

5. Meditation

Jesusgebet
Hilf mir Gott durch deinen Namen (Psalm 54,3)

Teil I

»In früheren Zeiten vermochten die Menschen das ganze Leben mit geistlichen Übungen und der genauen Befolgung aller in den Heiligen Schriften verordneten Riten zu verbringen... Wer in unserer Zeit die vom Irrtum geschmiedeten Fesseln abstreifen will, soll unaufhörlich den heiligen Namen Gottes wiederholen und gleichzeitig seine Gedanken auf Gott richten. Wer den inbrünstigen Glauben an die Macht des heiligen Gottesnamens in seinem Herzen trägt und diesen Namen Tag und Nacht wiederholt, bedarf keiner geistlichen Übungen mehr. Er überwindet alle Zweifel, sein Herz wird rein, und er erkennt den Herrn durch die Macht Seines heiligen Namens.«

Ramakrishna (1836-1886)

Das, was mit „geistlichen Übungen" gemeint ist, ist in letzter Konsequenz nur im Kloster möglich. Doch das äußere Schweigen bedeutet nicht automatisch inneres Stillwerden. Für die Mönche auf dem Berg Athos gilt wie für alle gottsuchenden Menschen, dass stilles Sitzen mit Aufmerksamkeit auf die Atmung zur Sammlung im „Herzen" hilfreich ist. Das immerwährende Denken an Gott versuchte man durch die Wiederholung kurzer Gebete zu stabilisieren. Man fand heraus, dass die Wiederholung des Namens „Jesus" genauso wirksam war. Diese Methode (in Indien als Mantra-Meditation bekannt) ist auch für Menschen in der alltäglichen Welt gangbar; einfach und sehr wirksam. Sie wurde über Jahrhunderte in der Ostkirche praktiziert. 1949 erschien die englische Originalausgabe „On The Invocation Of The Name Of Jesus" mit Beschreibung und Erklärungen. Die folgenden Kapitel sind ein Auszug aus der deutschen Übersetzung, deren Erstausgabe unter dem Titel „Im Namen Jesu ist Heil" 1959 erschien. Abert Tigges

1. Meditation - Gehen

Die Form des Jesusgebetes
Kapitel 1
Die Anrufung des Namens JESUS kann verschieden gehandhabt werden. Es ist Sache jedes einzelnen, die Form zu finden, die ihm am meisten zusagt. Welche Gebetsformel man aber auch immer verwendet, Mittelpunkt und Herzstück der Anrufung muß der heilige Name selbst sein, das Wort JESUS. In ihm liegt die ganze Kraft der Anrufung.

2. Meditation – Gehen

Kapitel 2
Der Name JESUS kann entweder alleine verwandt oder in einen mehr oder weniger langen Satz eingefügt werden. In der Ostkirche ist dies die gebräuchlichste Form: »Herr Jesus Christus, Sohn Gottes, erbarme dich meiner, des Sünders«. Man kann auch einfach sprechen: »Jesus Christus«, oder »Herr Jesus«. Die Anrufung kann aber ebensogut aus dem einzigen Wort JESUS bestehen.

3. Meditation – Gehen

Kapitel 3

Die letzte Form - der Name JESUS allein - ist die älteste Art und Weise, den Namen JESU anzurufen. Sie ist am kürzesten, einfachsten und - wie wir glauben - auch am leichtesten. Deshalb schlagen wir vor, ohne die anderen Formeln entwerten zu wollen, das Wort JESUS allein zu gebrauchen.

4. Meditation – Gehen

Kapitel 4

Wenn wir also von der Anrufung des Namens sprechen, dann meinen wir die andächtige und häufige Wiederholung des Namens selbst, die Wiederholung des Wortes JESUS ohne irgendwelche Hinzufügungen. Der heilige Name ist das Gebet!

5. Meditation

Teil II

Kapitel 5

Der Name JESUS kann entweder laut ausgesprochen oder still gedacht werden. Beide Male handelt es sich um eine wirkliche Anrufung des Namens. Im ersten Fall mündlich, im anderen Fall rein innerlich. Dieses Gebet gestattet einen leichten Übergang vom mündlichen zum inneren Gebet. Gerade die mündliche Wiederholung des Namens, wenn sie langsam und besinnlich geschieht, führt uns zum inneren Gebet und macht die Seele zur Betrachtung geneigt.

1. Meditation – Gehen

Die Praxis des Jesusgebetes
Kapitel 6

Das Jesusgebet kann überall und jederzeit geübt werden. Man kann den Namen JESUS auf der Straße, am Arbeitsplatz, im Zimmer, in der Kirche usw. aussprechen. Beim Gehen kann man den Namen JESUS vor sich hersagen. Neben diesem freien, durch keine Regel festgesetzten oder eingeengten Gebrauch des Namens ist es empfehlenswert, bestimmte Zeiten und Orte für eine regelmäßige Anrufung des Namens festzulegen. Der in dieser Art des Gebetes Fortgeschrittene kann ohne solche Einteilungen auskommen. Aber für Anfänger sind sie unerläßlich.

2. Meditation – Gehen

Kapitel 7

Wenn wir also täglich eine bestimmte Zeit für die Anrufung des Namens festgesetzt haben (neben der »freien Anrufung«, die so oft wie möglich erfolgen sollte), dann möge sie - sofern es die

Umstände erlauben - an einem einsamen und ruhigen Ort geschehen. »Du aber geh in deine Kammer, wenn du betest, und schließ die Tür zu; dann bete zu deinem Vater, der im Verborgenen ist« (Mt 6,6).

Die Körperhaltung spielt keine entscheidende Rolle. Am besten ist die Haltung, die die größte körperliche Entspannung und innere Sammlung ermöglicht. Eine Stellung, die Demut und Ehrfurcht ausdrückt, kann hilfreich sein.

3. Meditation - Gehen

Kapitel 8

Ehe du beginnst, den Namen JESUS auszusprechen, komme zur Ruhe und sammle dich und bitte den Heiligen Geist um Erleuchtung und Führung. »Keiner kann sagen: Jesus ist der Herr!, wenn er nicht aus dem Heiligen Geist redet« (1 Kor 12,3). Der Name JESUS kann erst dann wirklich von einem Herz Besitz ergreifen, wenn es vom reinigenden Atem und der Flamme des Geistes erfüllt ist. Der Geist selbst wird in uns den Namen des Sohnes verlebendigen und zum Leuchten bringen.

4. Meditation - Gehen

Kapitel 9

Fang einfach an. Um Gehen zu lernen, muß man den ersten Schritt wagen; um Schwimmen zu lernen, muß man sich ins Wasser stürzen. Genauso ist es bei der Anrufung des Namens. Beginne ihn ehrfürchtig und liebevoll auszusprechen. Bleibe fest dabei. Wiederhole ihn. Denke nicht daran, daß du den Namen anrufst; denke nur an JESUS. Sprich seinen Namen langsam, sanft und ruhig aus.

5. Meditation

III Abschluss

Kapitel 10

Anfänger machen meistens den Fehler, daß sie die Anrufung des heiligen Namens mit innerer Anstrengung und Gefühlsbewegung verbinden möchten. Sie versuchen ihn mit großem Nachdruck auszusprechen. Aber der Name JESUS soll nicht hinausgeschrien oder ungestüm ausgesprochen werden, auch nicht innerlich. Als Elias befohlen wurde, vor dem Herrn zu erscheinen, erhob sich ein starker und kräftiger Sturm, aber der Herr war nicht im Sturm, und nach dem Sturm kam ein Erdbeben, aber der Herr war nicht im Erdbeben; und nach dem Beben kam ein Feuer, aber der Herr war nicht im Feuer. Nach dem Feuer kam ein sanftes und leises Säuseln. »Als Elias es hörte, hüllte er sein Gesicht in den Mantel, trat hinaus und stellte sich« (1 Kön 19,13).

Krampfhafte Anstrengung und die Suche nach einem besonderen Erlebnis sind vergebens. Wenn du den heiligen Namen wiederholst, so konzentriere deine Gedanken, Gefühle und Wünsche nach und nach auf den Namen. Sammle in ihm dein ganzes Wesen. Wie ein Öltropfen auf einem Tuch sich ausbreitet und es durchtränkt, so laß den Namen deine Seele durchdringen. Nicht der kleinste Teil deines Selbst soll davon ausgenommen sein. Unterwerfe dein ganzes Sein und schließe es in den Namen ein.

1. Meditation – Gehen

Kapitel 11

Während der Anrufung selbst sollte man den Namen nicht ständig »wörtlich« wiederholen. Wenn man den Namen ausspricht - oder denkt - , dann sollte er in den folgenden Sekunden und Minuten der Ruhe und Sammlung fortklingen.

Die Wiederholung des Namens gleicht dem Flügelschlag eines Vogels, durch den dieser sich in die Lüfte erhebt. Nie darf solches schwerfällig, erzwungen, hastig oder geräuschvoll geschehen. Vielmehr muß es ruhig, leicht und im wahrsten Sinn des Wortes gnadenhaft anmutig sein. Hat der Vogel die gewünschte Höhe erreicht, so gleitet er im Flug dahin und nur von Zeit zu Zeit schlägt er mit seinen Flügeln, um sich in der Luft zu halten. Genauso kann auch die Seele, wenn sie den Gedanken an Jesus in sich aufgenommen hat und von seiner Gegenwart erfüllt ist, aufhören, den Namen zu wiederholen, und im Herrn ruhen. Die Wiederholung soll erst dann wieder aufgenommen werden, wenn die Gefahr besteht, daß das Denken an Jesus von fremden Vorstellungen verdrängt wird. In diesem Fall sollte man wieder mit der Anrufung beginnen, um frischen Auftrieb zu bekommen.

2. Meditation – Gehen

Kapitel 12

Setze die Anrufung beliebig lange fort. Wenn du müde bist, dann unterbrich natürlich das Gebet. Bestehe nicht hartnäckig darauf. Aber nimm die Anrufung wieder auf, zu jeder Zeit und an jedem Ort, wenn du Lust dazu verspürst. Mit der Zeit wirst du merken, daß dir der Name JESUS spontan über die Lippen kommt und daß er dir - wenn auch verborgen und ruhig - fast immer gegenwärtig sein wird. Selbst der Schlaf wird vom Namen JESUS und von dem Gedanken an JESUS erfüllt sein. »Ich schlief, doch mein Herz war wach« (Hld 5,2).

3. Meditation – Gehen

Kapitel 13

Es ist natürlich, daß wir bei der Anrufung des Namens hoffen und danach trachten, irgendein »positives« oder »greifbares« Ergebnis zu erzielen, d. h. zu spüren, daß wir einen echten Kontakt zur Person unseres Herrn haben: »Wenn ich auch nur sein Gewand berühre, werde ich geheilt« (Mt 9,21) Diese selige Erfahrung ist der erstrebenswerte Höhepunkt der Anrufung des Namens »Ich lasse dich nicht los, wenn du mich nicht segnest« (Gen 32,27). Aber wir müssen ein übertriebenes Verlangen nach solchen Erfahrungen meiden; religiöse Gefühle können leicht zum Vorwand für eine gefährliche Art von Begierde und Sinnlichkeit werden.

Denken wir nicht, wir hätten unsere Zeit verschwendet und unsere Bemühungen seien fruchtlos gewesen, wenn wir der Anrufung eine bestimmte Zeit gewidmet haben, ohne auch nur das Geringste dabei gefühlt zu haben. Im Gegenteil. Dieses scheinbar so trockene Gebet wird Gott vielleicht mehr erfreuen als ein augenblicklicher Begeisterungstaumel, denn es war frei von jedem selbstsüchtigen Streben nach geistlichem Genuß. Es ist das Gebet des schlichten und reinen Willens. Wir sollten deshalb daran festhalten, der Anrufung des Namens jeden Tag regelmäßig eine bestimmte Zeit zu widmen, auch wenn es uns so vorkommt, als ließe uns dieses Gebet kalt und trocken. Und eine derart ernsthafte Willensübung, ein derart nüchternes »Harren« auf den Namen

JESUS, wird nicht ohne Segen und Kraft für uns bleiben.

4. Meditation – Gehen

Kapitel 14

Hinzu kommt, daß uns die Anrufung des Namens selten in einem Zustand der Trockenheit läßt. Die etwas Erfahrung darin besitzen, stimmen überein, daß sie sehr oft von einem inneren Gefühl der Freude, der Wärme und Helligkeit begleitet wird. Man hat den Eindruck, daß man sich im Licht bewege und einhergehe. Dieses Gebet ist ohne Schwere, ohne Trägheit, ohne Kampf. »Dein Name ist hingegossenes Salböl... zieh mich her hinter dir! Laß uns eilen« (Hld 1,3-4).

5. Meditation

13 Wünsche

**Führe uns in Versuchung,
damit wir weise und stark werden,
um aus freiem Willen zu sagen:
Dein Wille geschehe**

Teil I

Einige Wahrnehmungen (äußere oder innere) bleiben neutrale Wahrnehmungen. Andere Wahrnehmungen erscheinen angenehm oder unangenehm. Solche Empfindungen geben Wahrnehmungen eine emotionale Färbung. Mit dem Empfinden von Freude oder Leid entsteht das Verlangen, Freude erneut zu erleben und Leid zu vermeiden - die Geburt des Wünschens. Erfahrungen, Gedächtnis und Erwartungen prägen die Art der Wünsche, welche in der Entwicklung immer komplexer werden. Anziehung und Abstoßung können zu Fesseln werden. Die Lösung des Problems ist nicht das „Führe uns nicht in Versuchung" = Abstinenz, sondern die Überwindung von Anziehung und Abstoßung. Der Weise ist innerlich stark und bleibt glücklich wunschlos in einer Welt voller Freude und Leid.

Albert Tigges

*Wenn alle Begierden gelöst sind,
die sich im Herzen angesammelt haben,
dann wird der Sterbliche unsterblich
und erlangt Brahman schon hier und jetzt.
Wenn alle Knoten des Herzens gelöst sind,
dann wird der Sterbliche unsterblich.*

Katha Upanishad

1. Meditation - Gehen

Wer seinen Geist stets frei von Leidenschaften hält, wer seine Seele wiederfindet und wer wunschlos ist, der erreicht höchste Vollkommenheit. Bhagavad Gita

2. Meditation – Gehen

Wer sich ruhig und gelassen verhält gegenüber Freund und Feind, bei Bewunderung und Beleidigung, bei Hitze und Kälte, bei Lust und Leid, wem Lob und Tadel nichts bedeuten, der ist Mir lieb. Bhagavad Gita

3. Meditation – Gehen

Wer Herr über all seine Wünsche geworden ist und alle Regungen der Begierde und des Zorns besiegt hat, ist ein wahrer Yogi und ein glücklicher Mensch. Bhagavad Gita

4. Meditation – Gehen

Je höher sich ein Mensch entwickelt, umso mehr macht seine Seele vom Vorrecht des freien Willens Gebrauch.   Paramahansa Yogananda

5. Meditation

Teil II

Wünsche mit dem Ziel, Angenehmes zu bekommen und Unangenehmes zu vermeiden, benötigen zum Erreichen ihrer Ziele die Kraft des Willens. Auch erstrebenswerte hochgesteckte Ziele erfordern Willenskraft gepaart mit Ausdauer und Zielstrebigkeit. Wünsche sind also nicht per se ein Nachteil. Ein inniger Wunsch nach Erwachen gibt mehr Antrieb als ein lascher. Es geht also nicht um Unterdrückung von Wünschen, sondern um ihre sinnvolle Wahl. Unterdrückung gibt ihnen nur noch mehr Energie und lässt sie woanders in neuem Gewand wieder auftauchen. Wenn Wunsch und Wille durch egoistische Motive getrübt sind, degenerieren sie zu Gier und Selbstsucht. Durch Reinigung und Läuterung wird die Schlacke entfernt und Edelmetall - zuvor scheinbar nicht vorhanden - bleibt übrig.   Albert Tigges

Kontrolliere die Sinne und reinige den Geist. In einem reinen Geist herrscht ständiges Gewahrsein des Selbst. Wo ständiges Gewahrsein des Selbst herrscht, beendet Freiheit die Knechtschaft und beendet Freude den Kummer.   Chandogya Upanishad

1. Meditation – Gehen

Gedanken sind Feuer. Wendet ihre konzentrierte Kraft an, um alle Hindernisse auf dem Weg zum Erfolg zu beseitigen.   Paramahansa Yogananda

2. Meditation – Gehen

Liebt nur das, was schön und rein ist. Strebt nach dem Guten und verlangt immer nach dem Nektar der Gegenwart Gottes.   Paramahansa Yogananda

3. Meditation - Gehen

Wer für Mich allein tätig ist, wer Mich zu seinem Ziel macht, wer sich Mir voller Liebe anheimgibt, wer an nichts hängt, wer niemandem Böses wünscht (wer Mich in allen sieht), der wird eins mit Mir, o Arjuna.   Bhagavad Gita

4. Meditation - Gehen

Wir bemühen uns hier auf Erden um Vollkommenheit, weil wir uns danach sehnen, wieder eins mit

5. Meditation

III Abschluss

Man kann eine grobe Skala der Wünsche erstellen: Die Befriedigung von egoistischer Selbstsucht auf Kosten anderer, die Fürsorge für Angehörige, Dienst für alle Menschen und Geschöpfe, der Wunsch, im Einklang mit dem Willen Gottes zu handeln (Dein Wille geschehe). Erst ein Erleuchteter ist wunschlos. Er hat kein Ego mehr. Sein Wille ist der Wille Gottes und hat somit auch Gottes Kraft. Er weiß, dass alles Leben eins und der Ausdruck Gottes ist. Die Erfahrung dieser Einheit bedeutet immerwährende Glückseligkeit jenseits von Freude und Leid sowie grenzenlose Liebe. Wen könnte er hassen, wenn er sein SELBST in allen sieht.   Albert Tigges

Gott allein ist wirklich, und da wir alle auf Dauer im Göttlichen Geliebten verweilen, sind wir alle eins.
Das Glück der Gott-Verwirklichung ist das Ziel der gesamten Schöpfung. Um dieses Glückes Willen trat die Welt in Erscheinung.   Meher Baba

1. Meditation – Gehen

Wer die Allgegenwart Gottes erkennt, wird das SELBST nicht durch das Selbst verletzen. Ein solcher Mensch erreicht das höchste Ziel.   Bhagavad Gita

2. Meditation – Gehen

Glück, Erfolg und innerer Frieden nehmen zu, wenn man danach strebt, sich stets auf den Willen Gottes einzustellen, auf die Kraft, die alles Leben durch das universelle Spiel kosmischer Kräfte harmonisch verknüpft.   Paramahansa Yogananda

3. Meditation – Gehen

Geist, lehre mich, die Quelle aller Kraft in mir selber zu finden und von ihrem erquickenden Wasser zu trinken, damit ich den Durst all meiner Wünsche stille.   Paramahansa Yogananda

4. Meditation – Gehen

Wenn ihr nur einmal in eure Seele, die vollkommene Widerspiegelung Gottes in euch, hineinschauen könntet, wären all eure Wünsche sofort erfüllt.   Paramahansa Yogananda

5. Meditation

---

14 Zeuge

Zeugenbewusstsein

Teil I

Die höchste Wirklichkeit ist das unveränderliche Prinzip, das allen Veränderungen zugrunde liegt, das Formlose, aus dem alle Formen entstehen, das ewige Licht, das Absolute, Brahman, Tao, Seinsgrund, Gott Vater, Gottheit, unendliches Wissen, unendliche Kraft. Seine zwei sich gegenseitig durchdringenden (aber nicht getrennten) Aspekte sind Bewusstsein und Energie, Shiva und Shakti, Yin und Yang, Gottes Sohn und Heiliger Geist. In der Bhagavad Gita - basierend auf der Samkhya-Philosophie - sind es der Kenner des Feldes und das Feld. Purusha, Atman, Jnani, unsterbliche Seele sind Synonyme für den Kenner. Prakriti, Natur, Schöpfung, Körper sind Synonyme für das Feld, wobei man Materie als verdichtete Energie betrachtet. Wie oben, so unten bedeutet auf den Menschen bezogen, dass der Kenner die unsterbliche, ewig unbefleckte Seele ist und das Feld der Körper ist. Sinnesbewusstsein, Verstand und Gefühle werden dem Körper zugerechnet, der in materiellen, astralen und kausalen Körper eingeteilt wird. Seele/Atman hat in diesem Kontext eine völlig andere Bedeutung als in der gängigen Sicht der heutigen Psychologie. Albert Tigges

13:1 Die Naturerscheinungen, Arjuna, werden das „Feld" genannt. Der Kenner des Feldes (das Selbst) hat Bewusstsein von diesem Feld.

13:2 Erkenne mich (Krishna) als das Selbst, als den Kenner des Feldes (Prakriti). Die Unterscheidung zwischen dem Selbst und der Natur bedeutet wahre Weisheit.

13:12 Ich will dir nun das Wissen kund tun, welches zur Unsterblichkeit führt. Das einzig Wesentliche, was es zu erkennen gibt, ist das höchste Selbst (Brahman). Es hat keinen Anfang und kann weder als seiend noch als nichtseiend bezeichnet werden.

13:13 Brahman wirkt in allen Dingen der Natur, in jeder Hand, in jedem Fuß. Wohin du schaust, es wohnt in jedem Kopf, Mund und Auge dieses Universums.

13:14 Es hat selbst keine Sinne und kann doch alles wahrnehmen. Es trägt alles Sein, doch ist es selbst frei von allen Eigenarten der Natur. Dennoch erfreut es sich der Eigenschaften der Natur.

13:15 Es ist innerhalb und außerhalb aller Geschöpfe. Es bewegt alles und ist doch selbst in Ruh. Durch keine Sinne kann es wahrgenommen werden. Es ist ferne und zugleich allem nah.

13:16 Selbst ungeteilt weilt es doch in allen Individuen. Es ist der Schöpfer, Erhalter und Vernichter aller Wesen.

13:17 Im Herzen aller Wesen wohnend, ist es das Licht aller Lichter. Es ist das Objekt der Erkenntnis, das Ziel der Erkenntnis und die Erkenntnis selbst.

13:18 Wer dies begreift und sich mir hingibt, wird Eins mit mir. Bhagavad Gita

Verborgen im Mysterium des Tao ruht die ursprüngliche Einheit. Die Einheit enthält die Zweiheit von Yin und Yang. Yin und Yang erzeugen zusammen die Energie der Schöpfung und bringen alle Dinge hervor. Laotse - Tao Te King

Wärst du wirklich Eins, so bliebst du auch Eins im Unterschiedlichen, und das Unterschiedliche würde dir Eins und könnte dich nun ganz und gar nicht hindern. Das Eine bleibt gleichermaßen Eins in tausendmal tausend Steinen wie in vier Steinen. Meister Eckhart

1. Meditation - Gehen

Das Tao kommt und geht nicht, wie alle Formen es tun.	Laotse - Tao Te King

2. Meditation – Gehen

Alles was ist, war oder jemals sein wird, hat eine gemeinsame Quelle, von der es kommt, in der es lebt und zu der es zurückkehrt.	Laotse - Tao Te King

3. Meditation – Gehen

Das große Tao ist wie ein Ozean. Es erfüllt das Universum und alle Dinge hängen von ihm ab. Es bringt uns hervor und verlässt uns niemals. Es wirkt all dieses Wunderbare. Es nährt und erhält uns. Es ist das wahre Zuhause, zu dem wir zurückkehren.	Laotse - Tao Te King

4. Meditation – Gehen

Alles was existiert, wurde von der weiblichen Kraft innerhalb des Tao geboren. Diese geheimnisvolle Kraft kann man „die Mutter von allem" nennen.
Wir brauchen uns nicht zu erschöpfen in dem Bestreben, sie zu finden. Sie ist immer bei uns, weil sie in uns ist.	Laotse - Tao Te King

5. Meditation

Teil II

Ein essentieller Aspekt der Prakriti/Schöpfung ist Maya. Ma bedeutet messen, also Einteilung in Raum und Zeit groß und klein u.s.w., die Ursache für die Sichtweise der scheinbaren Getrenntheit in der Schöpfung. Als Gleichnis habe ich schon an anderer Stelle die Pilze im Wald herangezogen. Mit den Augen des Körpers sehen wir getrennt stehende Pilze oberhalb des Erdbodens. Könnten wir mit unserem „einfältigen Auge" in das Erdreich hineinsehen, würden wir erkennen, dass die Pilze der sichtbare Aspekt eines nicht sichtbaren Mycelgeflechts sind. Die Trennung liegt nicht in der Natur der Dinge, sondern im Auge des Betrachters.
Sieht das Bewusstsein nach außen, sieht es das wechselnde Spektrum des Lichtes, schaut es nach innen, schaut es das weiße ewige Licht, welches durch das Prisma der Maya gebrochen wird und als vielfältig erscheint.
Wie zwei goldene, in engster Freundschaft auf ein und demselben Baum thronende Vögel wohnen das Ich und das Selbst in demselben Körper. Der Erstere isst von den süßen und sauren Früchten vom Baum des Lebens, während der Letztere innerlich losgelöst zusieht.
Solange wir meinen, wir seien das Ich, fühlen wir uns anhaftend gebunden und verfallen dem Kummer. Aber werde inne, dass du das Selbst bist, der Herr des Lebens und du wirst gewisslich vom Kummer befreit.	Mundaka Upanischad
Es ist nicht schwer zu erkennen, dass mit dem Vogel, der von den süßen und sauren Früchten isst, unser Ego gemeint ist. Und es ist unsere unsterbliche Seele, welche diesem Schauspiel gelassen zuschaut.	Albert Tigges

65

1. Meditation – Gehen

Es gibt zwei Selbste: das getrennte Ego und den unteilbaren Atman. Wenn man sich über Ich und Mich und Meines erhebt, erschließt sich der Atman als das eigene wahre Selbst. Katha-Upanishad

2. Meditation – Gehen

Die Seele hat zwei Augen, ein inneres und ein äußeres. Das innere Auge der Seele ist jenes, das in sein Sein schaut und sein Sein ganz unmittelbar von Gott empfängt. Das äußere Auge der Seele ist jenes, das da allen Kreaturen zugewendet ist und sie in bildhafter Weise und in der Wirkweise seiner Kraft wahrnimmt. Meister Eckhart

3. Meditation - Gehen

Der Ursprung all dessen was ist, kann seinem Wesen nach die „Mutter von allem" genannt werden. Finden wir unsere Mutter, finden wir unser wahres Selbst. Finden wir unser wahres Selbst, ist unser Leiden zu Ende. Laotse - Tao Te King

4. Meditation - Gehen

Leeres Gewahrsein des Ein-Geschmacks, das von Bewusstheit erfüllt ist - das ist dein makelloses Wesen, der ungekünstelte ursprüngliche Zustand. Padmasambhava

5. Meditation

III Abschluss

Zeuge zu sein ist etwas völlig anderes als Täter oder Opfer. Du bist nicht verwickelt in die Dinge, sondern bist der Beobachter, ohne Begehren und ohne Abneigung. Durch Sinneswahrnehmungen oder Körperempfindungen, durch Gedanken oder Gefühle wird der stille Friede Reinen Bewusstseins nicht - zumindest nicht dauerhaft - überdeckt. Leid entsteht nicht dadurch, dass du Erfahrungen machst, sondern dadurch, dass du dich mit ihnen identifizierst, dich in ihnen verlierst. Auch das Gleichnis mit einen Schauspieler soll darauf hinweisen, dass die Seele in ihren Inkarnationen verschiedene Rollen annimmt. Das Ziel ist Entwicklung zur Vollkommenheit, der Ausdruck der Göttlichkeit in der Individualität. Die Schau der Seele bedeutet gleichzeitig das Einssein mit Gott. Einssein mit Gott bedeutet Einssein mit allem. Albert Tigges

Wie können wir das ewig währende Wesen des Tao finden, das sich immer wieder zu entziehen scheint inmitten der Wechselfälle des Lebens?
Es ist der Beobachter des Kommens und Gehens.
Bei unseren Übungen finden wir heraus, dass wir gleichfalls der Beobachter sind. Wir beobachten

unsere Meinungen und Vorstellungen, unsere Vorlieben und Abneigungen, unsere Wünsche und unsere Befürchtungen, unseren Körper und unseren Geist, aber wir identifizieren uns nicht mit ihnen. Wir beobachten, wie sie auftauchen. Wir bleiben, wenn sie wieder verschwinden.

Wenn das Plappern unseres Geistes sich beruhigt, finden wir den Ort der Stille, um den sich das ganze Leben dreht. Von diesem Ort der Stille aus beobachten wir in vollkommenem Frieden, wie alles kommt und geht.

Wenn wir verstehen, dass alles kommt und geht, kehren wir zu unserer Quelle zurück und unsere Verwirrung findet ein Ende. Wenn wir es nicht verstehen, bleiben wir in Verwirrung und verursachen großes Leid.

Wenn wir am Ort der Stille leben, sind wir offen für das ganze Leben. Wenn wir für das ganze Leben offen sind, urteilen wir über nichts. Wenn wir nicht urteilen, betrachten wir alles voller Mitgefühl. Wenn wir alles voller Mitgefühl betrachten, entdecken wir unser wahres Wesen. Wenn wir unser wahres Wesen entdecken, sind wir zu Hause und nichts im Leben kann uns stören.

Wir sind Ausdruck des Tao. Seine Gegenwart erhält uns, entwickelt uns, lehrt uns, schützt uns, reift uns und führt uns zu unserem Ursprung zurück. Laotse - Tao Te King

1. Meditation – Gehen

Das Tao drückt sich in jedem einzelnen Wesen aus. Allein seine Gegenwart nährt uns. Wir werden von ihm geformt und vervollkommnet, indem wir unser Leben leben. Laotse - Tao Te King

2. Meditation – Gehen

15:7 Krishna: Ein Teil meiner Göttlichkeit bildet den ewigen Kern eines jeden Wesens. Dieser Kern gebiert aus sich die menschliche Seele (Jiva), die ihre Individualität durch die fünf Sinne und durch das menschliche Mental entfaltet. Bhagavad Gita

3. Meditation – Gehen

Wo die Seele in ihrer reinen Natur ist, da hätte sie alle Vollkommenheit und alle Freude und Wonne. Meister Eckhart

4. Meditation – Gehen

Zuerst aber musst du aufwachen. Du musst deine wahre Natur verstehen. Du musst erkennen, wer du bist. Wenn du verstehst, dass du Bewusstsein bist, dann verstehst du, dass du alles bist. Denn Bewusstsein ist nicht auf dich selbst begrenzt, auf dein persönliches Selbst. Bewusstsein ist Allumfassend, Allgegenwärtig. Daher weißt du, dass du alles bist. Robert Adams

Meditation

15 Vorübergehende

Seid Vorübergehende
Thomas Evangelium Logion 42

Teil I

Die übliche Interpretation dieses Spruches ist Vergänglichkeit und Nichtanhaften. Er kann auch bedeuten, dass das Erdreich eine vorübergehende Station auf dem Weg zum Himmelreich ist, wobei mit Erd- und Himmelreich natürlich kein Ort, sondern ein Bewusstseinszustand gemeint ist. (*Das Himmelreich ist inwendig* Jesus - Luk 17.21). Auf einem Portal der Stadt Fatehpur Sikri steht: *Jesus, der Friede sei mit ihm, sagte: Die Welt ist eine Brücke. Gehe hinüber, aber baue nicht dein Haus darauf.* Das Logion hat sicher viele Facetten. Ich sehe in ihm noch einen weiteren Sinn. Gehen heißt auch weitergehen, fortgehen, fortschreiten. Fortschritt auf der Ebene des Erdreiches ist nur möglich durch Wechsel. Mit Fortschritt meine ich hier nicht das Anhäufen von Wissen, sondern die Entwicklung des Bewusstseins zu dem, was man mit Erwachen meint. Die Metamorphose des Schmetterlings aus der Larve ist nur möglich durch Loslassen des alten Zustands.
Nach östlicher Sichtweise erfordert die Evolution zahllose Leben. Das Ziel ist vollkommenes (=göttliches) Bewusstseins. Das ist die Antwort auf die Sinnfragen: Wer sind wir? Woher kommen wir? Wohin gehen wir? Was ist der Sinn?
An anderer Stelle habe ich als Gleichnis auf die Frage „Wer bin ich?" auf einen halbkugeligen Diamanten gewiesen, der auf der Kreisfläche spiegelglatt ist und auf der Kugel viele geschliffenen Facetten hat, die ihn funkeln lassen und ihm seine individuelle Schönheit verleihen. Eine weitere Analogie kann man aus den chemischen Elementen ableiten. Führt man einem bestimmten Element Energie zu, gibt es die Energie in charakteristischen Spektralfarben mit dazwischenliegenden dunklen Lücken wieder ab. Nur die Sonne strahlt das gesamte Spektrum ab. In jeder Inkarnationen macht die unsterbliche Seele als sterbliche Person bestimmte Erfahrungen, deren Essenz sie assimiliert. Manchmal hat sie als Person in einem Leben viele dunkle Lücken in ihrem Spektrum und in einem anderen strahlende Farben. Ziel ist der Erwerb des ganzen Spektrums. Zur Erklärung wird gern auf weibliche und männliche Eigenschaften und deren Integration im Androgynen hingewiesen: Ausgleich und Transzendieren der Gegensätze. Das Erdreich stellt die Bühne zur Verfügung, auf der die Traumdrehbücher der Seele von der Person „real" erlebt werden.   A.Tigges

1. Meditation - Gehen

Ob bewußt oder nicht, immer strebt der Mensch danach, sein eigenes wirkliches Wesen zu erkennen und zu erfassen. Nichts ist ihm so nahe wie seine Seele und gerade von ihr fühlt er sich besonders weit entfernt. Sein Weg dem Ziele zu über die zahllosen Straßen und Pfade des Lebens bis zum Tode scheint ihm endlos, obwohl doch in Wirklichkeit gar keine Entfernung zurückzulegen ist. Da jeder einzelne Mensch volles Bewußtsein besitzt, ist er schon am Ziel angekommen und hat nun auch die Gabe, sich seiner Seele vollkommen bewußt zu werden. Noch ist er allerdings unfähig, sein göttliches Schicksal zu erkennen; unfähig, weil sein Bewußtsein vollkommen auf sein entstelltes, begrenztes und sterbliches Wesen konzentriert ist.   Meher Baba

2. Meditation – Gehen

Der Mensch hat die ewig bewußte nie endende Erfahrung in sich, daß Gott Alles ist und alles andere Nichts. Und obwohl er dies weiß, ist es ihm nicht wirklich bewußt. Daher scheinen alle Dinge, die ihn umgeben, für ihn einzeln zu existieren: Luft, Wasser, Feuer, die Erde, Licht, Dunkel, Stein, Eisen, Pflanzen, Insekten, Fische, Vögel, Tiere und Menschen, das Gute wie das Böse, Schmerz wie Glück. Endlos scheint sich die Liste der existenten Dinge auszudehnen, bis man zu dem Resultat kommt, daß Nichts existiert und zugleich erkennt, daß nur Gott existiert. Meher Baba

3. Meditation – Gehen

Ich bin der Weg, die Wahrheit und das Leben. Jesus Christus – Joh 14.6

4. Meditation – Gehen

Wissen, daß Gott besteht, bedeutet, sich bewußt zu werden, nicht ein Mensch zu sein, sondern Gott; immer Gott gewesen zu sein und in alle Zukunft Gott zu bleiben. Meher Baba

5. Meditation

Teil II

Der Ochse und sein Hirte
Der spirituelle Weg, die Suche nach Erleuchtung, wird in Bildern beschrieben.

1) Die Suche beginnt erst, wenn man etwas vermisst. Das klingt banal, ist aber die Voraussetzung für <u>Umkehr</u>.

2) Das Entdecken der Spur bedeutet gleichnishaft, über Wein <u>indirekte Kenntnisse</u> durch Menschen oder Bücher zu bekommen.

3) Mit Erblicken des Ochsen ist eine <u>erste spirituelle Erfahrung</u> gemeint.

4) Das Einfangen des Ochsen bedeutet <u>Stabilisierung der Erfahrung</u>.

5) Das Zähmen des Ochsen bedeutet <u>leichte Erreichbarkeit Reinen Gewahrseins</u>.

6) Der Heimritt ist <u>mühelos</u>.

7) Der Ochse ist vergessen, der Mensch bleibt. <u>Das Licht des ursprünglichen Wesens.</u>

8) Vollkommenes Vergessen von Ochs und Mensch. <u>Leere jenseits aller</u> <u>Dualität.</u> Das Nirvana des Arhat. Auflösung im Formlosen. Im Stufenweg des Aufstiegs der Seele bei Meher Baba ist das der in Gott Versunkene, Brahmi Boot.

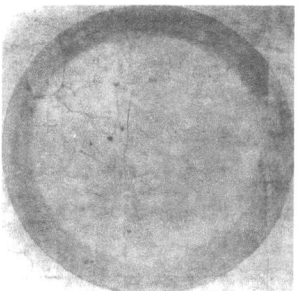

9) Rückkehr in den Grund. <u>Form und Leere sind eins.</u> Aus So-heit wird So-wie-heit. Vielfalt in der Einheit, Einheit in der Vielfalt.

10) Betreten des Marktes mit offenen Händen. <u>Erleuchtung im Alltag.</u> Abgeschiedenheit ist nicht das Ziel, sondern eine Zwischenstation. Einssein in Liebe mit Einem und allen.

Quelle: Eine altchinesische Zen-Geschichte, übersetzt von Hartmut Buchner.

1. Meditation – Gehen

Diesen Weg, dem wir folgen, gab es schon bevor das Universum geboren wurde.
Er hat keinen Namen, aber wenn wir auf ihn Bezug nehmen müssen, nennen wir ihn das Tao.
Er kann auch das große Geheimnis genannt werden, aus dem wir kommen, in dem wir leben, und zu dem wir zurückkehren.
Dieser Weg ist unser wahres Zuhause, weil er das Zuhause aller Dinge im Himmel und auf der Erde ist.
                                                                Laotse - Tao Te King

2. Meditation – Gehen

Wenn wir verstehen, dass alles kommt und geht, kehren wir zu unserer Quelle zurück und unsere Verwirrung findet ein Ende. Laotse - Tao Te King

3. Meditation - Gehen

Der Kern unseres Weges ist dies: Wir durchschauen die Verstrickungen und entdecken, dass dahinter unser wahres Wesen auf uns wartet. Laotse - Tao Te King

4. Meditation - Gehen

Wir kennen die Wahrheit dieses Weges, nicht weil wir an sie glauben, sondern weil wir diese Wahrheit sind. Laotse - Tao Te King

5. Meditation

III Abschluss

Meher Baba
Er legt eine umfassende Darlegung von Evolution und Involution der Seele vor, die auf Hinduismus und Sufismus basiert.
Stufe 1 ist Gott im Jenseits-des-Jenseits-Zustand, transzendent, ewig, unendlich.
Stufe 2 ist Gott im Jenseits-Zustand. Er ist nicht verschieden von 1. Eigenschaften dieses Zustandes sind Unendliche Macht, Unendliches Wissen und Unendliche Glückseligkeit. Aus einem Aufwallen verspürte Gott den Wissensdrang „Wer bin Ich?"
Stufe 3 ist Gott als Ausstrahler, Bewahrer und Auflöser. Der Beginn der Schöpfung.
Stufe 4 ist Gott als verkörperte Seele. Er nimmt verschiedenen Formen an, um in diesen Formen Erfahrungen zu machen.
Stufe 5 ist Gott im Zustand der Evolution: Gase → Mineralien → Pflanzen → Tiere.
Stufe 6 ist Gott als menschliche Seele im Zustand der Reinkarnation. Das Bewusstsein ist voll entwickelt, erfährt sich aber nicht als Eins (unteilbar, ewig, unendlich).
Stufe 7 ist Gott im Zustand der fortgeschrittenen Seele. Der Prozess der Rückkehr (Involution) beginnt.
Stufe 8 ist Gott als der Göttlich Versunkene (Brahmi Boot, Majzoob). Gott erfährt sich als Gott mit Unendlicher Macht, Unendlichem Wissen und Unendlicher Glückseligkeit, nutzt diese aber nicht.
Stufe 9 ist Gott als befreite inkarnierte Seele. Die Seele erfährt den „Ich bin Gott"-Zustand und ist sich gleichzeitig der materiellen, feinstofflichen und mentalen Ebenen bewusst (Paramahansa, Jivanmukta).
Stufe 10 ist Mensch als „Mensch-Gott". Er erfährt nicht nur Unendliche Macht, Unendliches Wissen und Unendliche Glückseligkeit, er wendet sie auch an (Sadguru, Erlöser).

Quelle: Meher Baba, Der Göttliche Plan der Schöpfung

1. Meditation – Gehen

Gott allein ist wirklich, und da wir alle auf Dauer im Göttlichen Geliebten verweilen, sind wir alle eins.   Meher Baba

2. Meditation – Gehen

Gott wohnt in uns. Er schläft in der Erde, Er träumt in den Blumen, Er erwacht in den Tieren. Und im Menschen weiß er, dass Er wach ist. Im Übermenschen findet er sich selbst wieder.
Paramahansa Yogananda

3. Meditation – Gehen

Jesus sprach: Ich bin das LICHT, das alle Menschen erleuchtet. Ich bin das GANZE. Das GANZE ist aus mir hervorgegangen und das GANZE ist mir zugekommen. Spaltet Holz, ich bin da. Hebt einen Stein auf, ihr werdet mich dort finden.   Thomas Evangelium Logion 77

4. Meditation – Gehen

Das Glück der Gott-Verwirklichung ist das Ziel der gesamten Schöpfung. Um dieses Glückes Willen trat die Welt in Erscheinung.   Meher Baba

5. Meditation

16 Hingabe

Hingabe
Bhakti Sutren von Narada

Teil I

Hingabe ist essentiell auf dem spirituellem Weg. Sie lässt sich nicht strikt von anderen seelischen Eigenschaften trennen. Hingabe ohne Liebe ist nicht vorstellbar. Sie bedeutet auch Vertrauen. Das Vertrauen auf Annahme trotz eigener Fehler schließt Vergebung und Dankbarkeit ein. Hingabe bedeutet auch Geduld. Ihr Kern ist das Aufgeben selbstsüchtiger Motive.

Mit der menschlichen Liebe in verschiedenen Ausprägungen sind wir vertraut. Göttliche Liebe ist unendlich intensiver und reiner. Wer sie erfährt, kann sie mit Worten nicht beschreiben. Sie wird erlebt als Frieden und Glückseligkeit.

Wie andere Eigenschaften erwächst auch Hingabe durch stetiges Üben. Zu Beginn ist es hilfreich, ein Objekt für die Hingabe zu haben, ähnlich wie es bei der Meditation hilfreich ist, ein Meditationsobjekt zu haben. Die Form des Objekts der Hingabe ist unwichtig, wichtig ist nur, dass sie ein intensives Gefühl öffnet. Für einen Christen mag das die Mutter Gottes sein, für einen Buddhisten die Grüne Tara und für einen Hindu die Göttin Lakshmi. Da Gott formlos ist, wird irgendwann das Objekt überflüssig, ähnlich wie in der Meditation das Objekt losgelassen wird. In der Hingabe verschmilzt das Bewusstsein des sich Hingebenden mit dem göttlichen Bewusstsein, für das die Form nur ein Symbol ist. Diese Sichtweise kann und soll man auch auf alle Lebewesen ausdehnen. So sind Mann und Frau oder Eltern und Kinder körperliche Manifestationen des Einen Geistes.

Das innerste Wesen der Hingabe ist Amrita, übersetzt mit Nektar. Nektar ist das Symbol für ewiges Leben. A-mrita bedeutet wörtlich „über dem Tod". „Atman (Seele) und Brahman (Gott) sind eins" ist ein Kerngedanke der Upanishaden. Die Körper der Seele sterben, das Reine Bewusstsein ist unsterblich.

Selbst wenn die Hingabe noch mit selbstsüchtigen Wünschen vermengt ist, bewirkt das doch, dass wir uns Gott zuwenden. In der Bhagavad Gita gibt es eine ähnliche Passage, wo Krishna die unteren Stufen der Hingabe keineswegs herabwürdigt. Auch die Bitte um die Erfüllung gewöhnlicher Wünsche weist auf Gottvertrauen hin. Doch ist ihm die selbstlose Hingabe willkommener, wo der Mensch Gott allein begehrt.

Hingabe aus ganzem Herzen bedeutet, das man sich vollkommen und in allen Dingen auf Gott verlässt, was nur möglich ist, wenn man ihm rückhaltlos vertraut und alle Zweifel loslässt.

Hingabe hat als Grundlage ein reines Herz, aus dem spontan rechtschaffenes Verhalten erwächst.

Wer allein Gott begehrt, haftet nicht an vergänglichen Dingen.

Die Früchte seines Handelns bringt er Gott dar. Diesen Gedanken finden wir auch in der Bhagavad Gita als Hinweis auf Karma-Yoga, den Yoga des Handelns. Man sieht, dass Bhakti-Yoga, der Yoga der Hingabe, sich nicht kategorisch vom Karma-Yoga trennen lässt. Und wenn dass Bewusstsein in der Hingabe mit dem Objekt der Hingabe verschmilzt, bedeutet das Sicht des EINEN, Ein-Sicht, der Weg der Erkenntnis oder Jnana-Yoga.
Albert Tigges

1. Meditation - Gehen

Das Wesen der Liebe zu Gott läßt sich nicht beschreiben.
Narada

2. Meditation – Gehen

So wie ein Stummer nicht seinen Geschmack beschreiben kann.   Narada

3. Meditation – Gehen

Hingabe hat die Form intensiver Liebe zu ihm.   Narada

4. Meditation – Gehen

Hingabe nimmt die Form von höchstem Frieden und Ananda (Glückseligkeit) an.   Narada

5. Meditation

Teil II

Intermezzo
12:6 Aber jene, die Mir ergeben sind, die unaufhörlich mit Hingabe über Mich meditieren, die Mir alle Handlungen überlassen, die befreie Ich unverzüglich.
12:13 Wer keinerlei Lebewesen gegenüber feindselig ist, wer liebenswürdig und mitfühlend ist, wer frei von Egoismus ist, gleichmütig in Schmerz und Freude, tolerant, der ist mir lieb.
12:16 Wer nichts begehrt, rein ist im Handeln und keine Erfolge erwartet, allem gegenüber neutral und gelassen bleibt, der ist mir lieb.
12:20 Über alle Maßen bin ich mit den Verehrern verbunden, die mich als ihr höchstes Ziel betrachten.   Bhagavad Gita

Einmal fragte ich einen großen Heiligen, ob es möglich sei, Gott zu finden. Er antwortete: „Selbst der Gedanke, Gott finden zu wollen, verändert dich." Wenn ihr diesen einzigen Herzenswunsch nährt, kann euch nichts davon abhalten, euer Ziel zu erreichen.   Yogananda

Sutren
Das innerstes Wesen der Hingabe ist Amrita (Nektar).   Narada

1. Meditation – Gehen

Hingabe wird nicht von selbstsüchtigen Wünschen bewegt, sondern drückt sich durch Selbstlosigkeit aus.   Narada

2. Meditation – Gehen

Frei von selbstsüchtigen Wünschen wächst die Intensität der Hingabe stetig an als eine innere Erfahrung, die unaufhaltsam strömt.   Narada

3. Meditation - Gehen

Hingabe verbunden mit selbstsüchtigen Wünschen gibt es in dreifacher Art: motiviert durch Leid, durch Suchen nach Erkenntnis und durch Streben nach Wohlstand und anderen persönlichen Gütern.   Narada

4. Meditation - Gehen

Wirklich fromm sind jene, welche aufrichtig nach Gott streben.   Narada

5. Meditation

III Abschluss

Intermezzo
Gott ist am leichtesten durch Hingabe zu finden. Wendet euch innerlich an Ihn und sagt: »Herr, Dir gehört mein ganzes Herz. Mach mit mir, was Du willst. Ganz gleich, ob Du zu mir kommst oder nicht, ich weiß nur, daß ich Dich liebe.« Das ist göttliche Liebe. Keine menschliche Erfahrung läßt sich mit der vollkommenen Liebe und Seligkeit vergleichen, die unser Bewußtsein überfluten, wenn wir uns Gott ganz und gar schenken. Es ist die höchste Erfüllung, die der Seele zuteil werden kann. Gott bevorzugt niemanden. Er liebt jeden von uns genauso wie die größten Heiligen. Sie empfangen nur deshalb mehr, weil sie sich Ihm völlig anheimgehen und empfänglich für Ihn machen. Fürchtet euch nie vor Gott, ganz gleich, welche Fehler ihr begangen habt. Viele Menschen lassen sich von Gefühlen der Schuld, der Angst und des Zweifels bedrängen, daß sie professionelle Hilfe in Anspruch nehmen, um sich über ihre Komplexe auszusprechen. Wenn wir genug Glauben besitzen, können wir solche Gespräche ebensogut mit Gott führen. Er ist der wahre Beichtvater, dem wir all unsere Probleme anvertrauen sollten. Er sieht uns so, wie wir wirklich sind; es ist unmöglich, etwas vor Ihm zu verbergen. Dennoch liebt Er uns bedingungslos, denn wir sind Seine Kinder. Wenn euch negative Gefühle belasten, wendet euch vertrauensvoll an Gott: »Vater, ob gut oder böse, ich bin Dein Kind. Hilf mir, tiefere Einsicht in mein wahres SELBST zu gewinnen und genug Kraft zu entwickeln, die Vollkommenheit meiner Seele zu offenbaren.« Ein solches Gefühl des Vertrauens und der Hingabe bringt uns auf wunderbare Weise Gott näher.   Daya Mata

Sutren
Hingabe aus ganzem Herzen an Gott bedeutet Aufgabe alles Ihm Entgegenstehenden.   Narada

1. Meditation – Gehen

Hingabe aus ganzem Herzen an Ihn bedeutet die Aufgabe aller anderen Stützen.   Narada

2. Meditation – Gehen

Aufgeben von allem, was Ihm entgegensteht, bedeutet rechtes Verhalten im Einklang mit sozialen, moralischen und geistigen Verpflichtungen.   Narada

3. Meditation – Gehen

Hingabe entwickelt sich durch Verzicht auf überflüssige Gegenstände und Überwindung des Anhaftens.   Narada

4. Meditation – Gehen

Wer nicht auf die Früchte seine Handelns blickt und all sein Tun Gott weiht, der wird frei.   Narada

5. Meditation

17 Lichtgedanken

Lichtgedanken
Mabel Coolins

Sie lebte von 1851 bis 1927 in England. Neben ihrer schriftstellerischen Arbeit widmete sie sich von 1900 an einer inneren Weisung folgend humanitären Aufgaben und dem Tierschutz, weil sie die Leiden der Tiere innerlich miterlebte.

Sie berichtet über die Entstehung ihrer Werke.

»Als mir das erste Mal das bewußte Verweilen außerhalb meines Körpers gelang, war ich überrascht und verwundert, obwohl es sich hier um eine häufig gemachte Erfahrung handelt. Es geschah als Folge meines konzentrierten Verlangens nach Erkenntnis der Wahrheit. Unversehens sah ich mich außerhalb meines Körpers in einer unbekannten Welt. Ich fühlte aber keine Furcht, da ich ein Geistwesen als Führer neben mir spürte, an dessen Gesicht ich mich aber nicht erinnere. Es machte mir bewußt, daß ich mich in der »Halle des Lernens« befände, von der aus auch die noch Verkörperten ihre Inspirationen empfangen. Es sei eine Schatzkammer unendlichen Wissens.

...Im weiteren fiel es mir von Mal zu Mal leichter, mich durch bloße Konzentration in die >Halle des Lernens< zu versetzen, wo ich weitere Sätze las und nach der Rückkehr in den Körper niederschrieb. Das setzte ich fort, bis ich alle Aphorismen, die in >Licht auf den Weg< enthalten sind, zu Papier gebracht hatte. «

Der folgende Auszug gibt „Drei Grundregeln" aus ihrem Buch wieder.

Teil I

Der Anfang ist die steilste Stufe auf dem Höhenweg zum Ewigen. Es gilt frei zu werden von ichhaften Wertungen, Vorurteilen, erstarrten Denkgehäusen und sich ganz dem Willen zum Durchbruch ins noch Unbekannte hinzugeben.

Im Grunde tut das jeder Erfinder wie auch der Dichter und ebenso der Mystiker.

Tue es ihnen gleich und strebe nach dem Hohen Ziel.

Es ist gut, wenn man ein reines Leben führt, doch sind Sittenstrenge und Moral keine Tore ins transzendente Sein. Geist ist Leben und Liebe. Erst in der liebenden Einwärtswendung lassen wir hinter uns, was dem Äußeren zugehört. Und dann öffnen sich uns die Flügeltüren in das leuchtende Land.

DREI GRUNDREGELN

Geschrieben wurden diese Worte zur Beachtung durch alle, die die Wahrheit suchen.

I. Ehe das Auge sehen kann, muß es der Tränen sich entwöhnen!

Dies ist ein Ruf von jenseits der Dingwelt an uns, die wir noch im Fleische kämpfen, im Tal der Leiden und der Tränen, in welchem jeder von uns auch die Ursache dafür ist, daß andere leiden.

Diese Lehre bildet den Schlüssel zum Mysterium des Lebens, zu den verborgenen Schatzkammern göttlicher Weisheit und zum Licht der geistigen Welt.

Bevor nicht die Voraussetzungen erfüllt sind, müht sich der Lichtsucher vergeblich um den Zugang zum Schatz der wahnfreien Erkenntnis. Erkenntnis wird durch ständige Übung, Erprobung und Bewährung gewonnen, durch die allein die feineren Innensinne geweckt und zum Wirken gebracht werden.

Alles ist innen. Die innere Welt durchstrahlt die äußere. Und wie man in der Außenwelt nur sieht mit Hilfe des äußeren Lichts, so innen. Darum begreift die Worte der Weisheit erst, wer sich von innen erleuchten läßt.

Dieser Selbst-Erleuchtung wollen die hier gegebenen Weisungen dienen, damit der Mensch lernt, sein hohes Erbe anzutreten und mit dem inneren Auge zu schauen. Das bleibt unmöglich, solange er nur die Oberfläche der Wirklichkeit sieht.

Erst im Frieden des Innern leuchtet der Glanz des Göttlichen auf. Aber die Seele kann im Innewerden dieser Strahlenflut ihren Halt verlieren, wenn das ungestüme Herz noch von Wogen des Schmerzes oder der Freude, der Lust oder des Zorns aufgewühlt wird. Doch zielt die Selbstzucht, die hier gefordert wird, nicht auf Abtötung der Empfindungsfähigkeit, sondern auf die Erlangung des inneren Halts und jener Selbstbeherrschung, die Kraft und Überlegenheit verleiht.

Wird das nicht beachtet, tritt beim Neuling nach der Berührung mit der inneren Welt leicht ein Gefühl der Leere ein, die ihm die Welt als traurige Einöde und das Dasein als nutzlose Last erscheinen läßt. Er selbst löste diese erste Prüfung aus, die ihn, wenn nicht bestanden, vermehrt dem Auf und Ab der Außenwelt verhaftet...

Erst wenn das Herz gebändigt und das innere Gleichgewicht errungen ist, ist er der Tränen entwöhnt. Dann versiegt der Quell des Leidens und der Mensch wird frei von den Fesseln der Ichheit und Gier.

1. Meditation - Gehen

Alles ist innen. Die innere Welt durchstrahlt die äußere.

2. Meditation – Gehen

Erst im Frieden des Innern leuchtet der Glanz des Göttlichen auf.

3. Meditation – Gehen

Erst wenn das Herz gebändigt und das innere Gleichgewicht errungen ist, ist er der Tränen entwöhnt.

4. Meditation – Gehen

Dann versiegt der Quell des Leidens und der Mensch wird frei von den Fesseln der Ichheit und Gier.

5. Meditation

Teil II

II. Bevor das Ohr zu hören fähig wird, muß die Empfindlichkeit ihm schwinden!

Wie die Körperaugen für die Seele die Fenster des verwunschenen Schlosses sind, in dem sie wohnt, das innere Auge hingegen sie im Licht des Geistes die wirkliche Heimat schauen läßt, so befähigt das innere Ohr die Seele, das zu vernehmen, was den äußeren Ohren ewig unwahrnehmbar bleibt: die innere Stimme, ohne die der Mensch hilfloser ist als Treibholz auf dem Meer.

Das innere Ohr tut sich auf, wenn die äußeren Ohren dem Lärm der Welt verschlossen sind, ohne daß das lautlose Schweigen der inneren Welt den still Gewordenen schreckt. Der Mutige wird sich der Stillheit seines Innern allvertrauend überlassen und so die Empfindlichkeit des Unerwachten gegenüber dem ewigen Schweigen des reinen Seins überwinden.

Wenn das innere Wort ertönt, können fremde Stimmen ihn nicht mehr verwirren. Und dann wird sich die Pforte der Lichtwelt gefahrlos öffnen.

Wohl wird der innerlich Wachgewordene weiterhin seine Menschenpflichten getreulich erfüllen, doch nicht mehr nach fremdem Meinen und Wollen, sondern nach dem Willen und der Weisheit der inneren Führung.

Sein Weg ist fernerhin nicht mehr der der Masse, sondern der Pfad zum Einssein mit dem Einen. Sowie er im Schweigen des Innern seinem eigenen Selbst begegnet, fällt die Fessel der Ichheit. Er ist sein eigener Befreier geworden.

1. Meditation – Gehen

So befähigt das innere Ohr die Seele, das zu vernehmen, was den äußeren Ohren ewig unwahrnehmbar bleibt: die innere Stimme, ohne die der Mensch hilfloser ist als Treibholz auf dem Meer.

2. Meditation – Gehen

Das innere Ohr tut sich auf, wenn die äußeren Ohren dem Lärm der Welt verschlossen sind.

3. Meditation - Gehen

Wenn das innere Wort ertönt, können fremde Stimmen ihn nicht mehr verwirren.

4. Meditation - Gehen

Wohl wird der innerlich Wachgewordene weiterhin seine Menschenpflichten getreulich erfüllen, doch nach dem Willen und der Weisheit der inneren Führung.
Sein Weg ist der Pfad zum Einssein mit dem Einen.

5. Meditation

III Abschluss

III. Ehe die Stimme in Gegenwart des Lehrers sprechen kann, muß das Verwunden sie verlernen!

Die Sprache ermöglicht nicht nur die Gedankenvermittlung, sie ist darüber hinaus eine schöpferische Macht, die aber nur der entfaltet, dessen Wesen bereits teil hat an der Kraft des Selbst und an der Fülle der Gottheit.

Wer die Macht des Wortes meistert, lernt die niederen Kräfte und Leidenschaften seiner Ichheit zu beherrschen. Er beginnt, mit seinem göttlichen Selbst zu sprechen wie mit einem guten Freunde. Wenn sein begrenztes Ichbewußtsein sich zur Allbewußtheit weitet, hört er auf, andere Wesen zu verwunden.

Immer freudiger gibt er, was ihm von innen gegeben wird, nach außen weiter. Er erkennt seine Aufgabe, das ihm geschenkte Weisheitsgut, die Fülle der Inspirationen, denen zu vermitteln, die der Hilfe durch das göttliche Wort bedürfen.

Im gleichen Maße erfährt er die Wahrheit der Verheißung, daß dem, der anderen hilft, geistige Helfer zur Seite treten und bewirken, daß die Fülle der Erkenntnis und die Kraft zum Helfenkönnen ständig wächst.

Wer springen will, braucht einen festen Halt für seinen Fuß. Freudiges Helfen schafft diesen Halt. Es begründet keinen Anspruch auf Rückgewährung des Gegebenen, aber es bewirkt Wesensdurchlichtung und Empfänglichwerden für das leitende innere Wort der Wahrheit und Weisheit, dem die Kraft der Verwirklichung gehört.

1. Meditation – Gehen

Die Sprache ist eine schöpferische Macht, die aber nur der entfaltet, dessen Wesen bereits teil hat an der Kraft des Selbst und an der Fülle der Gottheit.

2. Meditation – Gehen

Wer die Leidenschaften beherrscht, beginnt mit seinem göttlichen Selbst zu sprechen wie mit einem guten Freunde.

3. Meditation – Gehen

Wenn sein begrenztes Ichbewußtsein sich zur Allbewußtheit weitet, hört er auf, andere Wesen zu verwunden.

4. Meditation – Gehen

Immer freudiger gibt er, was ihm von innen gegeben wird, nach außen weiter.

5. Meditation

15 Verse der Weisheit

Der Text mit dem Titel „Fünfzehn Verse der Weisheit" stammt von Abhinavagupta, dem großen Meister des kaschmirischen Shivaismus. Diese fünfzehn Verse geben eine kurze Darlegung der Lehre des kaschmirischen Shivaismus und seiner Hauptwesensmerkmale.

Teil I

In jeder Sprache gibt es ein Wort für Wasser. Jeder weiß aus eigener Erfahrung, was Wasser ist. Man streitet nicht darüber, ob das Wort für Wasser in der einen Sprache richtig und in einer anderen falsch sei. Bei Gott fehlt den meisten die direkte Erfahrung. Also streiten sie sich über Begriffe. Welcher Name ist der richtige für ihn? So lehnen manche bestimmte Namen kategorisch ab.

Mit Shiva ist in diesem Text der transzendente und immanente Gott gemeint. Gott und Schöpfung sind eins und nicht getrennt. „Gott ist das Universum" statt „Gott schuf das Universum." Gott ist höchstes Bewusstsein, er wird auch als Licht beschrieben. Die Energie zur Emanation der Schöpfung ist Skakti. Shiva und Shakti gehören zusammen wie Feuer und Hitze. Durch Begrenzung in scheinbar voneinander getrennten Formen entsteht Maya, die Illusion der Getrenntheit. Glaubst du dich vom Universum getrennt, bedeutet das Leid und Erschwernis bei der Entwicklung des höheren Bewusstseins. Du musst dich nicht von der Welt abwenden, um Gottesbewusstsein zu finden, im Gegenteil. Nach den Aussagen des Kaschmir-Shivaismus ist der Sinn der Evolution des Universums das Erkennen seines Ursprungs, was das Erkennen der Einheit in der Vielheit einschließt.
Albert Tigges

1. Der Lichtglanz des einen Wesens erlischt nicht im äußeren Licht oder in der Dunkelheit, da Licht und Dunkel in dem höchsten Licht des Gottesbewusstseins seinen Sitz haben.

1. Meditation - Gehen

----

2. Dieses Wesen wird Lord Shiva genannt. Er ist die Natur aller Wesen. Die äußere objektive Welt ist die Ausdehnung Seiner Energie, erfüllt vom Glanz der Herrlichkeit des Gottesbewusstseins.

2. Meditation – Gehen

----

3. Shiva und Shakti sind sich ihrer Trennung nicht bewusst. Sie sind miteinander verwoben so wie das Feuer mit der Hitze eins ist.

3. Meditation – Gehen

----

4. Er ist der Gott Bhairava. Er erschafft, beschützt, zerstört, verbirgt und enthüllt sein Wesen im Zyklus dieser Welt. Dieses gesamte Universum wurde von Gott nach Seinem eigenen Wesen geschaffen, so wie sich die Welt in einem Spiegel reflektiert.

4. Meditation – Gehen

----

5. Der Zustand des Universums ist Seine höchste Energie (Shakti), die Er erschuf, um Seine eigene Natur zu erkennen. Shakti, die Verkörperung des Zustandes des Universums, liebt es, den Zustand des Gottesbewusstseins zu besitzen. Sie befindet sich im Zustand der Unwissenheit und bleibt doch in jedem Objekt vollkommen und in der Fülle.

5. Meditation

Teil II

Was ist der Sinn der Bewegung? Das Erkennen Gottes in der gesamten Schöpfung.
In dem Moment, in dem Gottesbewusstsein erreicht wird, verlieren Vergnügen und Schmerz ihren Stellenwert. Vergnügen, Schmerz, Tod und Leben sind dasselbe.
Das Problem ist nicht Individualität, sondern die Illusion der Getrenntheit. Erfährst du dich als Ausdruck des Göttlichen, nimmst du Gott auch in allen anderen wahr.
In dem göttlichen Spiel der Schöpfung solltest du dich nicht in einer Rolle wie z.B. Mann oder Frau verlieren. Meditation ermöglicht den Zugang zum Grenzenlosen in dir.
Es geht hier nicht um Verstandesakrobatik. Das Bewusstseins eines Verwirklichten ist eins mit dem Bewusstsein in allem, auch in einem Felsen. Er drückt seine Hand in einen Felsen und hinterlässt dort einen Handabdruck.

Albert Tigges

Intermezzo

Logion 77
Jesus sprach:
Ich bin das Licht, das alle Menschen erleuchtet.
Ich bin das GANZE.
Das GANZE ist aus mir hervorgegangen und
das GANZE ist mir zugekommen.
Spaltet Holz, ich bin da.
Hebt einen Stein auf, ihr werdet mich dort finden.

Thomas Evangelium

6. Der höchste Herr Shiva, der alles durchdringt und zusammen mit der Energie Seiner eigenen Natur Gefallen am spielerischen Auf und Ab findet, bringt gleichzeitig die Vielfalt an Schöpfung und Zerstörung hervor.

1. Meditation – Gehen

----

7. Diese höchste Tat kann von keiner anderen Kraft in diesem Universum vollbracht werden, außer von Shiva, der absolut unabhängig, absolut glorreich und intelligent ist.

2. Meditation – Gehen

----

8. Der begrenzte Bewusstseinszustand (z.B. ein Fels) ist empfindungslos und kann sich nicht gleichzeitig ausdehnen, um die verschiedenen Formen des Universums zu werden (Bewusstsein in Form eines Felsen kann nicht gleichzeitig ein Baum sein). Der Besitzer der Unabhängigkeit (Gott) unterscheidet sich vollkommen von diesem empfindungslosen Bewusstseinszustand (Er ist in jeder Form, unbegrenzt durch Raum und Zeit). Du kannst Ihn daher nicht nur in einer einzigen Weise erkennen. In dem Augenblick, in dem du Ihn in einer Weise erkennst, wirst du Ihn auch in anderer Weise erkennen.

3. Meditation - Gehen

----

9. Der Herr Shiva, der absolut unabhängig ist, trägt die Vielfalt von Schöpfung und Zerstörung in Seiner eigenen Natur. Und gleichzeitig existiert diese Vielfalt in ihrer eigenen Weise als das Feld der Unwissenheit.

4. Meditation - Gehen

----

10. In dieser Welt wirst du eine Vielfalt an Schöpfungen und Zerstörungen sehen. Angeschlossen an diese Welten sind kleinere Teilwelten erschaffen. Schmerz, Freude und intellektuelle Kraft sind der Seinsebene entsprechend erschaffen. Dies ist die Welt.

5. Meditation

III Abschluss

Ein Yogi erkennt, dass Samsara ein Trick ist, der dich in Raum und Zeit, Geburt und Tod, Freude und Leid gefangen hält. Befreiung meint, diese Begrenzungen als Illusion zu erkennen und aufzulösen. Das Merkmal der Erkenntnis des SELBST ist immerwährende Glückseligkeit.
Das Erkennen Gottes ist ein Wiedererkennen. Obwohl er immer da war, hast du ihn nicht wahrgenommen.

Albert Tigges

Intermezzo
„Gott sagt: es gibt nur mich. Alles, was ist, ist Ich. Zwar trete ich aus dem Einssein in die Zersplitterung, in die Vielheit hinein, aber ich bleibe doch immer der, der ich bin, in den vielfältigsten Gestalten und Kräften werde ich mich zeigen. Und doch bin ich der, der ich bin, und bin schon jetzt, der ich sein werde. Ich werde Blitz sein, ich werde Berg sein, Fluss, ich werde der Lauf der Gestirne sein. Mineralien, Pflanzen und Menschen werde ich sein. Und werde doch immer der Eine sein, das Eine, die Einheit des Vielen. Nichts und niemand wird außerhalb meiner sein, nichts und niemand neben mir. Irrtum wäre es, eine meiner vielen Emanationen als Gottheit anzubeten. Zwar bin ich der Blitz, aber der Blitz ist nicht Ich. Zwar bin ich der heilige Berg, aber der Berg ist nicht Ich. Zwar bin ich der Fluss, das Unwetter, die Jahreszeit, aber sie alle sind nur winzige Atome meines unendlichen Leibes."

Kabbala

11. Wenn du nicht verstehst, dass es eigentlich keine Zeit gibt, dann ist dieses Missverständnis (Maya) ebenfalls das freie Spiel des Herrn Shiva. Dieses Missverständnis (Maya) resultiert in der

weltlichen Existenz (samsara).
Und diejenigen, die unwissend sind, fürchten sich vor der weltlichen Existenz.

1. Meditation – Gehen

----

12. *Wenn du, weil der Herr Shiva Seine Gnade über dich ergießt oder aufgrund der Lehren oder vibrierenden Kraft deines Meisters oder des Verstehens der Schriften in Bezug auf den höchsten Shiva die wahre Realität begreifst, ist dies der lebendige Zustand des Herrn Shiva, die endgültige Befreiung..*

2. Meditation – Gehen

----

13. *Diese Fülle wird von edlen Seelen erlangt und als die Erfüllung in diesem Leben bezeichnet (jivanmukti)*

3. Meditation – Gehen

----

14. *Diese beiden Zyklen, Gefangenschaft und Befreiung* (im Buddhismus Samsara und Nirvana), *sind das Spiel des Herrn Shiva und nichts anderes. Sie sind nicht von Ihm getrennt, da Er alles in Sich enthält und nichts außerhalb von Ihm existiert. In zahllosen Formen bleibt Er stets der gleiche. In Wirklichkeit ist nichts mit dem Herrn Shiva geschehen.*

4. Meditation – Gehen

----

15. *So hat der Herr, Bhairava, das Wesen allen Seins, in Seiner eigenen Weise, in Seiner eigenen Natur, die drei großen Energien gehalten: Die Energie des Willens, die Energie des Handelns und die Energie des Wissens. Diese drei Energien sind wie der Dreizack, der dreifache Lotos. Und auf diesem Lotos erhebt sich der Herr Bhairava, die Natur des gesamten Universums der hundertachtzehn Welten.*

5. Meditation

----

19 Eckhart

Meister Eckhart

Eckhart von Hochheim lebte von 1260 – 1328. Er wurde Dominikaner und von seinem Orden nach Paris geschickt zur philosophisch – theologischen Ausbildung und promovierte dort zum Magister (Meister). Er stand in der Tradition von Thomas von Aquin, Albertus Magnus, Augustinus, Dionysius Areopagita und Plotin u.a. Er betreute zunächst Klöster in Sachsen und Böhmen, dann in Elsaß und Schweiz, bis er in die Ordensschule nach Köln berufen wurde. Johannes Tauler und Heinrich Seuse wurden seine Schüler. Eckharts Lehren waren nicht konform mit der orthodoxen Lehrmeinung. Er wurde wegen Ketzerei angeklagt. 1329 wurde er von Papst Johannes XXII. verurteilt. Eckart starb vor der Zustellung der päpstlichen Bulle.

Im Mahamudra gibt es Grund, Pfad und Frucht. Bei Eckhart ist der Grund die unbewegliche Stille, die er auch als Gottheit (transzendent) im Gegensatz zu Gott (immanent) bezeichnet. Der Pfad ist die Umkehr (... *durchschreite und hinausschreite über alle Geschaffenheit).* Die Frucht ist die Wiedervereinigung der Seele mit Gott (Unio mystica). Mit *„Dasselbe Erkennen..."* weist Eckhart darauf hin, das es nur ein Bewusstsein gibt, was auch in den Upanishaden gesagt wird.   A. Tigges

Teil I

Der erste Beginn ist um des letzten Endzieles willen da.

1. Meditation - Gehen

Dieser Grund ist eine einfaltige Stille, die in sich selbst unbeweglich ist; von dieser Unbeweglichkeit aber werden alle Dinge bewegt.

2. Meditation – Gehen

Darum bin ich ungeboren, und nach der Weise meiner Ungeborenheit kann ich niemals sterben. Nach der Weise meiner Ungeborenheit bin ich ewig gewesen und bin ich jetzt und werde ich ewig bleiben.

3. Meditation – Gehen

Wo Gott ist, da ist die Seele, und wo die Seele ist, da ist Gott. Sie sind völlig eins.

4. Meditation – Gehen

Wenn einer mich fragte, wo Gott wäre, so würde ich antworten: Er ist überall. Wenn einer mich fragte, wo die Seele ist, die in Liebe ist, dann spräche ich: Sie ist überall; denn Gott liebt, und die Seele, die in Liebe ist, die ist in Gott, und Gott ist in ihr, und da Gott überall ist und sie in Gott ist, so ist sie nicht einesteils in Gott und andernteils nicht; und da Gott in ihr ist, so muss die Seele überall sein, weil der in ihr ist, der überall ist.

5. Meditation

Teil II

Umkehr meint Einkehr, die Wendung nach innen. *„Das Himmelreich ist inwendig in euch."* sagt Jesus. Fasten oder Rituale sind auch nach Meinung von Meister Eckhart für die Umkehr entbehrlich, die Stille aber essentiell. *„Gott ist nicht weiter als vor der Tür des Herzens."* und *„...der Herr ist in unserem Innersten, wenn er uns daheim findet und die Seele nicht ausgegangen ist mit den fünf Sinnen." „Die Seele bereitet sich durch Übung,... wird im Brand der Hitze geläutert."* erinnert an Patanjali und andere Lehrer. Natürlich sind auch Liebe, Demut, Hingabe, Dienen, Disziplin und göttliche Gnade nötig.   Albert Tigges

Alle unsere Vollkommenheit und alle unsere Seligkeit hängt daran, dass der Mensch durchschreite und hinausschreite über alle Geschaffenheit und alle Zeitlichkeit und eingehe in den Grund, der grundlos ist.

1. Meditation – Gehen

Die Seele soll nimmer ruhen in der vermögenden Kraft, bis sie ganz eins in Gott werde.

2. Meditation – Gehen

Wer gottförmig werden will, der muss mit ganzem Verlangen hinaufklimmen.

3. Meditation - Gehen

Die Seele muss geläutert werden und subtil gemacht.

4. Meditation - Gehen

Die Seele muss daheim sein in ihrem Innersten und in dem Höchsten und in ihrem Lautersten und beständig innebleiben und nicht auslugen.

5. Meditation

III Abschluss

„Dieses Eine macht uns selig." „Ein solcher Mensch lebt nun in Freiheit." „...unbegreiflich große Freude..." „...unermessliche Süßigkeit und Fülle..." „...erfreut sich meine Seele aller Freude und aller Seligkeit...". Das sind die Beschreibungen für Ananda, der Ausdruck für Glückseligkeit in den Upanishaden. *„Hier ist der Mensch ein wahrer Mensch, und in diesen Menschen fällt kein Leiden."* Ist mit Nirvana das Ziel erreicht? Meister Eckhart sagt: Nein. Das Überwinden der Trennung und die Rückkehr in die Einheit (das Himmelreich) sind nicht Ende und Auflösung. Der Menschensohn wird zum Gottessohn, zu Christus, zu Buddha. *„Was Gott wirkt, das wirkt auch er, und was Gott will, das will auch er, und was Gott ist, das ist auch er: Ein Leben und ein Sein." „Das ist jenes, ohne das ich nicht in Gott zu gelangen vermag: Das ist Werk und Wirken in der Zeitlichkeit, und das mindert die ewige Seligkeit nicht."* Meister Eckhart predigt nicht den Rückzug aus der Welt, sondern das Wirken in der Welt als Mitschöpfer Gottes. Im buddhistischen Gleichnis von Ochsen und Hirten ist das die Rückkehr auf den Markt.   Albert Tigges

Wo die Seele in ihrer reinen Natur ist, da hat sie alle Vollkommenheit und alle Freude und Wonne.

1. Meditation – Gehen

Das Auge, in dem ich Gott sehe, das ist dasselbe Auge, darin mich Gott sieht; mein Auge und Gottes Auge, das ist ein Auge und ein Sehen und ein Erkennen und ein Lieben.

2. Meditation – Gehen

Die Vollendung der Seligkeit liegt in beidem: in der Erkenntnis und in der Liebe.

3. Meditation – Gehen

Wenn Gott die Seele in sich zieht, so wird sie verwandelt in Gott, so dass die Seele göttlich wird. Da verliert die Seele ihren Namen, nicht aber ihren Willen und nicht ihr Sein.

4. Meditation – Gehen

Die Seele solle nimmer nachlassen, bis sie des Werkes so gewaltig werde wie Gott. Dann wirkt sie mit dem Vater alle seine Werke. Sie wirkt mit ihm einfaltig und weise und liebend.

5. Meditation
----

20 Tejobindu

Tejobindu Upanischad

Lasst uns über das strahlende Selbst meditieren, das, unveränderlich, der Welt der Veränderung zugrunde liegt und in Samadhi im Herzen realisiert wird.

Schwer ist es, das höchste Ziel des Lebens zu erreichen, schwer, es zu beschreiben, und schwer, darin zu bleiben.

Diejenigen allein erlangen Samadhi, die ihre Sinne gemeistert haben und frei von Zorn sind, frei von Eigenwillen und von Vorlieben und Abneigungen, ohne egoistische Bindungen an Menschen oder Dinge.

Diejenigen allein erlangen Samadhi, die bereit sind, sich in den drei Stufen der Meditation (Nach innen Gehen (Dharana)→Zentriert bleiben (Dhyana)→Stille (Samadhi)) einer Herausforderung nach der anderen zu stellen.

Unter Anleitung eines erleuchteten Lehrers gelangen sie zur Vereinigung mit dem Herrn der Liebe, der überall anwesend ist.

Teil I

Lasst uns über das strahlende Selbst meditieren, das, unveränderlich, der Welt der Veränderung zugrunde liegt und in Samadhi im Herzen realisiert wird.

1. Meditation - Gehen

Schwer ist es, das höchste Ziel des Lebens zu erreichen, schwer, es zu beschreiben, und schwer, darin zu bleiben.

2. Meditation – Gehen

Diejenigen allein erlangen Samadhi, die ihre Sinne gemeistert haben und frei von Zorn sind, frei von Eigenwillen und von Vorlieben und Abneigungen, ohne egoistische Bindungen an Menschen oder Dinge.

3. Meditation – Gehen

Diejenigen allein erlangen Samadhi, die bereit sind, sich in den drei Stufen der Meditation einer Herausforderung nach der anderen zu stellen.

4. Meditation – Gehen

Unter Anleitung eines erleuchteten Lehrers gelangen sie zur Vereinigung mit dem Herrn der Liebe, der überall anwesend ist.

5. Meditation

Teil II

Obwohl die drei Gunas (Grundeigenschaften: Sattva=Reinheit, Rajas=Aktivität, Tamas=Trägheit) ihm entspringen, ist er unendlich und unsichtbar.
Obwohl alle Galaxien aus ihm hervorgehen, ist er ohne Gestalt und nicht konditioniert.
Mit dem Herrn der Liebe vereinigt zu werden bedeutet, von aller Konditionierung befreit zu werden.
Das ist der Zustand der Selbst-Verwirklichung, ganz unerreichbar für Worte und Gedanken.
Mit dem Herrn der Liebe vereinigt zu werden, dem unvergänglichen, unveränderlichen, jenseits von Ursache und Wirkung existierenden, bedeutet, unendliche Freude zu erlangen.

Obwohl die drei Gunas ihm entspringen, ist er unendlich und unsichtbar.

1. Meditation – Gehen

Obwohl alle Galaxien aus ihm hervorgehen, ist er ohne Gestalt und nicht konditioniert.

2. Meditation – Gehen

Mit dem Herrn der Liebe vereinigt zu werden bedeutet, von aller Konditionierung befreit zu werden.

3. Meditation - Gehen

Das ist der Zustand der Selbst-Verwirklichung, ganz unerreichbar für Worte und Gedanken.

4. Meditation - Gehen

Mit dem Herrn der Liebe vereinigt zu werden, dem unvergänglichen, unveränderlichen, jenseits von Ursache und Wirkung existierenden, bedeutet, unendliche Freude zu erlangen.

5. Meditation

III Abschluss

Brahman ist jenseits aller Dualität, unerreichbar für den Denkenden und den Gedanken.
Lasst uns über das strahlende Selbst meditieren, die letztgültige Wirklichkeit, die von den Weisen in Samadhi realisiert wird.

Brahman kann nicht von jenen realisiert werden, die Gier, Angst und Zorn unterliegen.
Brahman kann nicht von jenen realisiert werden, die in die Dualität des Lebens verstrickt sind.
Aber all jenen, die diese Dualität durchbrechen, deren Herzen dem Herrn der Liebe geschenkt werden, schenkt er sich durch seine unendliche Gnade; schenkt er sich durch seine unendliche Gnade.

Brahman ist jenseits aller Dualität, unerreichbar für den Denkenden und den Gedanken.

1. Meditation – Gehen

Lasst uns über das strahlende Selbst meditieren, die letztgültige Wirklichkeit, die von den Weisen in Samadhi realisiert wird.

2. Meditation – Gehen

Brahman kann nicht von jenen realisiert werden, die Gier, Angst und Zorn unterliegen.

3. Meditation – Gehen

Brahman kann nicht von jenen realisiert werden, die in die Dualität des Lebens verstrickt sind.

4. Meditation – Gehen

Aber all jenen, die diese Dualität durchbrechen, deren Herzen dem Herrn der Liebe geschenkt werden, schenkt er sich durch seine unendliche Gnade; schenkt er sich durch seine unendliche Gnade.

5. Meditation

21 Patanjali

Patanjali
Yoga Sutras

Yoga hat die Wurzel Yug, was „vereinigen" bedeutet. Es ist verwandt mit dem deutschen Joch. Gemeint ist die Wieder-Vereinigung der Seele (Jivatma) mit ihrem göttlichen Ursprung (Paramatma). Yoga umfasst die Übung zur Erreichung der Einheit und den Zustand der Vereinigung.

Was heute allgemein unter Yoga verstanden wird, hat damit nichts mehr zu tun und ist eine Erfindung des 20. Jahrhundert, die zunehmend kommerzialisiert wird. Patanjali meint mit Asana die Körperstellung, in der man lange Zeit beschwerdefrei meditieren kann. Wer meint, das müsse der Lotussitz sein, sollte einkalkulieren, dass evt. Schmerz zu seinem Meditationsobjekt wird. Patanjali bietet mehrere Meditationsobjekte als Hilfsmittel an. Schmerz ist nicht darunter. Sutra II,46: Für die Meditation ist eine stabile angenehme Sitzhaltung ideal.

Über Patanjali ist wenig bekannt. Man vermutet, dass er im 2. Jht. n. Chr. gelebt hat. Sein Standardwerk über Yoga beschreibt in 195 Versen 8 Glieder: Yama, Niyama, Asana, Pranayama, Pratyahara, Dharana, Dhyana und Samadhi. Die letzten 3 bilden den zentralen Kern.

Das erste Kapitel „Samadhi (befreites oder erwachtes Bewusstsein, vollkommenes Erkennen) Pada" befasst sich mit Definition und Methodik des Yoga.

Das zweite Kapitel „Sadhana (Übung) Pada" befasst sich mit den Hindernissen und den ersten fünf (äußeren) Übungen.

Das dritte Kapitel „Vibhuti (Entwicklung, Kräfte) Pada" beschreibt die letzten 3 (inneren) Übungen und die außergewöhnlichen Kräfte (Siddhis).

Im vierten Kapitel „Kaivalya (Befreiung) Pada" geht es um die Natur des Verstandes, um die Begrenzung durch mentale Muster und deren Überwindung.

Wenn man Übersetzungen vergleicht, gibt es selten Übereinstimmung. Es macht einen gewaltigen Unterschied, ob man Nirodha mit Unterdrückung oder Zur-Ruhe-kommen übersetzt.

Aus diesem kompakten Werk zitieren wir hier nur die ganz zentralen Sutren. 3. und 4. Kapitel werden zusammengefasst.   Albert Tigges

Teil I

In Kapitel I beschreibt Patanjali kurz und präzise das Wesen des Yoga in wenigen Versen: Durch Üben (Meditation) und Loslassen (des Hilfsmittels) kommt das Bewusstsein zur Ruhe im eigenen Wesenskern. Sehr oft wird von Lehrern das Üben gelehrt und das entscheidende Loslassen nicht. Durch die Ruhe wird die Identifikation mit den Erscheinungen im Bewusstsein gelockert, die oft Ursache für Leid sind. Geläufig ist das Gleichnis mit einem Teich. Wenn der zur Ruhe kommt, spiegelt er die Umgebung klar und man kann seinen Grund sehen. Der Fokus wird auf das wahrnehmende Bewusstsein verlagert. Diese Gelassenheit bedeutet nicht Abkehr von der Welt, sondern das Aufgeben des Verlangens und der Abhängigkeit.

Patanjali unterscheidet objektorientierte und objektlose Meditation. Bei der ersten übt man mit Hilfsmitteln, bei der zweiten geht man direkt in Reines Gewahrsein. Als Hilfsmittel gibt es die Hingabe an Gott, das Mantra Om, die Konzentration auf das Innere Licht, die Ausrichtung auf eine große Seele, die Achtsamkeit auf den Atem, die Achtsamkeit auf ein Sinnesobjekt oder ein beliebiges Meditationsthema.

Er betont die Notwendigkeit konsequenter Zielstrebigkeit und weist auf mögliche Hindernisse hin.
                                                                      Albert Tigges

I,2 *Durch Yoga kommen die Fluktuationen im Bewusstsein zur Ruhe.*

1. Meditation - Gehen

I, 3 *Dann ruht der Sehende in seinem wahren Wesen.*

2. Meditation – Gehen

I,4 *Andernfalls kommt es zur Identifikation mit den Fluktuationen des Bewusstseins.*

3. Meditation – Gehen

I, 12 *Durch Üben und Loslassen kommt es zum Aufhören der Fluktuationen des Bewusstseins.*

4. Meditation – Gehen

I, div. *Meditation über … führt zur Klärung des Geistes.*

5. Meditation

Teil II

In Kapitel II geht es um intensive Übungspraxis mit dem Ziel, die Gewohnheitsmuster in Denken und Handeln aufzulösen.
Es wird auch zum Studium Heiliger Schriften geraten und zur Hingabe an Gott.
Als Haupthindernisse werden die Kleshas (Erschwernisse) aufgezählt, von denen Unwissenheit die Wurzel allen Übels ist.
Wie in allen spirituellen Traditionen bildet ethisches Verhalten die Basis. Unter Yama (Selbstbeherrschung) werden aufgeführt: Gewaltlosigkeit, Ehrlichkeit, Nicht Stehlen, Enthaltsamkeit sowie Freiheit von Begierden. Unter Niyama (Verhaltensregeln) werden aufgeführt: Reinheit, Zufriedenheit, Selbstzucht, Selbst-Studium und Hingabe an Gott.
Zu Asana (Körperhaltung) wird nur auf eine angenehme stabile Haltung hingewiesen.
Zu Pranayama empfiehlt er unter anderem, auf die Pause zwischen Ein- und Ausatmung zu achten.
Mit Pratyahara = Rückzug der Sinne von ihren Objekten endet Kapitel II.   Albert Tigges

II, 3 *Die Kleshas (Hindernisse) Unwissenheit , Ichverhaftung, Begierde, Abneigung und Angst sind die Ursachen für Leid.*

1. Meditation – Gehen

II, 4 *Unwissenheit ist der Nährboden für die anderen Hindernisse.*

2. Meditation – Gehen

II, 5 *Unwissenheit bedeutet, das Vergängliche für ewig, das Unreine für rein, das Leidvolle für Freude und das wandelbare Nicht-Selbst für das Selbst zu halten.*

3. Meditation - Gehen

II, 17+24 *Leid entsteht durch die Identifikation der Seele mit Gedanken, Gefühlen und dem Körper. Die Ursache dafür ist unvollkommenes Gewahrsein des eigenen wahren Wesens (Selbst).*

4. Meditation - Gehen

II, 25+20 *Wenn die Täuschung der Seele, bedingt durch ihre Identifikation mit der Materie, aufgelöst wird, verschwindet die Unwissenheit und absolute Freiheit wird erfahren. Das Selbst bleibt immer Reines Bewusstsein und unberührt von dem, was es wahrnimmt.*

5. Meditation

III Abschluss

Zu Beginn des dritten Kapitels geht es um die inneren und zentralen Glieder des Yoga. Um das Gedankenkarussel zur Ruhe zu bringen, konzentriert man sich auf ein Meditationsobjekt (dharana) und behält das im Fokus der Aufmerksamkeit (dhyana). Wenn der Geist zur Ruhe gekommen ist, lässt man auch das Meditationsobjekt los und verweilt in der Stille (samadhi). Dann – so wird in den Upanishaden gesagt – lösen sich die Knoten im Herzen. Im Unterbewusstsein sind Gewohnheitsmuster gespeichert, die sich unter entsprechenden Umständen manifestieren können. Man kann das mit Samen vergleichen, die bei geeigneter Lagerung lange keimfähig bleiben. Das Feuer intensiver Übungspraxis (tapas) verbrennt diese Prägungen. Dann wird das individualisierte Bewusstsein (Ego) transzendiert: Reines Sehen des Selbst. I, 3: *„Dann ruht der Sehende in seinem wahren Wesen".* In der Bibel drückt Jesus das so aus: *„Darum sollt ihr vollkommen sein, wie euer Vater im Himmel vollkommen ist".* Siddha bezeichnet einen vollkommenen Meister. Siddhi bedeutet neben Vollkommenheit auch außergewöhnliche Fähigkeiten. Die sind Ausdruck des göttlichen Kerns im Individuum. Telepathie und Präkognition können wir noch akzeptieren, doch bei Levitation oder Unsichtbarwerden sind wir skeptisch. Wenn wir meinen, die Wunder Jesu und anderer Meister sowie die Auferstehung Jesu seien nur symbolhaft zu verstehen, wäre die Bibel ein Märchenbuch. Patanjali betont, dass die Siddhis nicht das Ziel, sondern nur Beigaben sind, die auch losgelassen werden müssen. Er weist uns einen Weg zur Befreiung ebenso wie Jesus oder Buddha oder andere Meister.
Albert Tigges

IV, 5 *Die unterschiedlichen Erscheinungsformen sind aus Einem Bewusstsein entstanden.*

1. Meditation – Gehen

IV, 4 *Das individualisierte Bewusstsein entsteht durch Identifikation mit dem Begrenzten.*

2. Meditation – Gehen

III, 4+5 *Dharana (Konzentration), Dhyana (Meditation) und Samadhi (kognitive Versenkung, innere Schau) werden als Samyama (Sammlung) bezeichnet. Ihre Meisterung offenbart das Licht des höheren Bewusstseins.*

3. Meditation – Gehen

III, 25 *Durch Kontemplation über das Licht des Bewusstseins wird intuitives Wissen erlangt.*

4. Meditation – Gehen

IV, 34 *Kaivalya (Befreiung) ist der Zustand der Erleuchtung, wenn die Seele dauerhaft in ihrer wahren Natur ruht, dem Reinen Bewusstsein.*

5. Meditation

Albert Tigges

Über den Autor

Geboren wurde ich 1953 im Sauerland. Nach dem Medizinstudium in Münster und Weiterbildung zum Facharzt für Allgemeinmedizin habe ich mich 1988 als Hausarzt im Sauerland niedergelassen. Ich bin verheiratet und habe 2 Töchter.
Mit 18 Jahren begann ich zu meditieren. Die verschiedenen Wege lernte ich durch Lesen vieler Bücher und teils auch durch persönliche Kontakte kennen.